BASICS

FASSADEN-ÖFFNUNGEN

\\ ROLAND KRIPPNER \\ FLORIAN MUSSO

BASICS

FASSADEN-
ÖFFNUNGEN

BIRKHÄUSER
BASEL · BOSTON · BERLIN

INHALTSVERZEICHNIS

VORWORT

Die Hülle eines Gebäudes erfüllt zahlreiche Funktionen. Sie schützt das Innere des Gebäudes vor Einflüssen von außen – vor der Witterung, unterschiedlichen Temperaturen oder der Öffentlichkeit. Eine hermetische Trennung ist in aller Regel jedoch unerwünscht, so dass sich die Fassade trotz der Schutzfunktionen gleichzeitig zum Außenraum öffnen muss, um Ansprüchen an Luft, Licht und Interaktion gerecht zu werden. Öffnungen verbinden Außen und Innen funktional und/oder visuell miteinander und setzen beide zueinander in Beziehung.

Der vorliegende Band der Studentenreihe *Basics* beschäftigt sich im Themenbereich Konstruktion mit dem Umgang der Gestaltung von Fassadenöffnungen. Zunächst werden anschaulich die vielfältigen Anforderungen an ein Fenster erläutert und bis zur Umsetzung in konstruktive Details vertieft. Die verschiedenen Bestandteile, Bauarten und Materialien werden mit ihren spezifischen Eigenschaften vorgestellt und in den Kontext der umgebenden Wandflächen eingebunden, wobei das Verständnis für die Ausbildung des Übergangs zwischen Öffnung und Wandfläche sowie die Schichtung der verschiedenen Funktionen des Fensters maßgeblich sind. Die Betrachtungen beziehen sich auf einseitig belichtete Räume, deren Öffnungsflächen senkrecht in der Wand angeordnet sind. Dabei liegt der Schwerpunkt auf der Untersuchung von Fenstern. Abgesehen von der Öffnungsgröße werden an Türen und Festverglasungen ähnliche Anforderungen gestellt und gleiche Prinzipien angewandt.

Über die Öffnungsflächen hinaus stellen in funktionaler, konstruktiver als auch gestalterischer Hinsicht die Ränder einen wichtigen Betrachtungsausschnitt dar. Ferner werden Manipulatoren thematisiert, die zur Steuerung des Lichteintrags, der Lüftung und zum Wärmeschutz im Bereich der Öffnung eingesetzt werden.

Die Kenntnis der Konstruktionen und Bestandteile, mit denen Fenster und Fenstertüren gestaltet werden können, ist eine wichtige Basis für die entwurfliche Arbeit von Architekten, um Fassaden einen individuellen Charakter zu verleihen und eine für Außen- wie Innenraum harmonische Komposition erzeugen zu können.

Bert Bielefeld, Herausgeber

EINLEITUNG

Unter Öffnung versteht man allgemein „offene Stelle, Loch, Lücke".
Beim Gebäude werden diese als Aussparung in einer Wand bezeichnet.
Wenn die Schaffung eines geschützten Raumes die prima causa des Bau-
ens darstellt, dann bildet die Fassadenöffnung die nächste, wesentliche
Maßnahme, um diesen Raum benutzen zu können.

Daneben sind Öffnungen ein wesentliches architektonisches Ge-
staltungselement. Mit ihren Abmessungen und Proportionen, ihrer Lage
zur wasserführenden Schicht (Wetterhaut) oder zur raumabschließenden
Fläche, ihrer Anordnung und dem Bezug untereinander prägen Öffnungen
maßgeblich die Gestalt von Gebäuden. Die Elemente zum Verschluss der
Öffnung sind hinsichtlich ihrer Funktionen entweder beweglich (Fenster,
Türen; beide zählen zu den funktionalen Grundbausteinen des Hauses)
oder fest (Verglasungen).

In der Planung von Öffnungen nehmen die Fenster eine zentrale Rolle
ein. Sie sind mit ihren Formen (Bauteile, Formate), der Anordnung und Verteilung in der Fassade die Visitenkarte des Hauses. Dabei ist die Aufteilung
des Fensters und die Binnengliederung der Verglasungsfläche ein weiteres
wichtiges Merkmal für die Gesamtwirkung. In den Fensterformen lassen
sich auch stilistische Entwicklungen und handwerkliches Können gut ab-
lesen.

Über Tür und Fenster hinaus bilden im Bereich der Öffnungen die
Manipulatoren zusätzliche Systeme. Sie ermöglichen gezielte Steuerung
der Durchlässigkeit für Licht, Luft und Wärme. Je nach Witterungsbedin-
gung kann das Behaglichkeitsniveau im Innenraum auf das jeweilige An-
forderungsniveau und die Nutzerbedürfnisse eingestellt werden.

Daraus resultiert ein vielfältiges Angebot an Bauelementen und
Systemen. In Kenntnis der funktionalen Grundprinzipien und konstruktiver Randbedingungen eröffnen sich leistungsfähige Strategien für die
Planung von Öffnungen in Bezug auf die jeweils spezifische klimatische
Situation. Die gestalterischen Aspekte stehen dabei in enger Wechselbeziehung zu den funktionalen Anforderungen und den konstruktiven Eigenschaften.

Öffnungen erfüllen dieselben Schutzfunktionen (vor Kälte, Feuchte,
Schall, Brand und gegen Eindringlinge) wie die Fassade, gelten aber als
thermische Schwachstellen in der Gebäudehülle und erfordern angesichts
erhöhter energetischer Anforderungen neue Planungsstrategien. Öffnungen schaffen aber auch Zugangsmöglichkeiten und definieren Bereiche in
der raumumschließenden Wand, die den Raum mit Licht versorgen, Lüf-
tungsmöglichkeiten vorhalten und den Sichtkontakt von innen nach außen
ermöglichen.

Abb.1:
Öffnung in Natursteinmauerwerk

Abb.2:
Öffnung in Massivholzwand (Blockbau-
weise)

Abb.3:
Rundfenster (in einem Pavillon der
1950er Jahre)

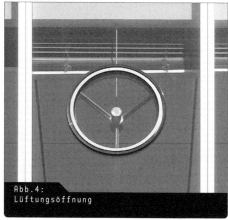

Abb.4:
Lüftungsöffnung

Abb.5:
Geschosshohe Öffnungen

Abb.6:
Wabenförmige Öffnungen

Daraus ergibt sich, dass die Öffnungen in ihrer Durchlässigkeit veränderbar sein müssen, damit sich je nach Standort (veränderliche klimatische Bedingungen) und Komfortanspruch (konstantes Innenraumklima) die Einflüsse von Wärme, Licht, Luft durch spezielle öffnungsschließende Elemente regeln lassen. Das Eigenschaftsprofil ist abhängig von der Ausrichtung zur Sonne, von innenräumlichen Überlegungen und Aspekten der Nutzung.

Türen, gegenüber dem Fenster die baugeschichtlich älteren Elemente, ermöglichen den Zugang zum Gebäude. Dazu zählen auch Tore, die jedoch großformatiger und meist für die Durchfahrt bestimmt sind. Umgangssprachlich werden Öffnungen in der Fassade mit Fenstern mehr oder weniger gleichgesetzt. Diese sind das Element, bei dem die Durchlässigkeit von Licht durch transparentes oder transluzentes Material auch in geschlossenem Zustand gegeben ist und der Austausch von Luft im geöffneten Zustand der Fensterflügel erfolgt.

Die einfachste Form eines öffnungsschließenden Elementes ist die Festverglasung. Belichtung und Belüftung können auch getrennt voneinander erreicht werden (z. B. in Kombination von Festverglasung mit separat angeordnetem Lüftungsflügel).

Öffnungen haben eine öffentliche, nach außen orientierte Seite, die Repräsentationsaufgaben übernimmt. Anzahl und Größe geben Rückschlüsse auf den gesellschaftlichen Status von Bauherren und Bewohnern. Die nach innen gewandte Seite hat den Charakter von Privatheit und Intimität. Die Anordnung von Türen und Fenstern beeinflusst auch die Innenraumwirkung. Gut befensterte Räume können großzügiger und luftiger wirken, als die realen Abmessungen vermitteln.

FUNKTIONALITÄT DER ÖFFNUNG

SCHUTZFUNKTIONEN

Während die grundlegenden Aufgaben des Fensters über Jahrhunderte weitgehend gleich geblieben sind, haben sich die Anforderungen an den Wärme-, Schall- und Brandschutz sowie an die Luftdichtigkeit des Bauteilanschlusses maßgeblich geändert. Das Eigenschafts- bzw. Leistungsprofil des Fensters ist abhängig vom Standort des Gebäudes, der Topographie, der Orientierung zur Himmelsrichtung und auch der Gebäudehöhe und wird stark durch die vorherrschende Windbeanspruchung beeinflusst.

Wärme- und Schallschutz

Wärme- und Schallschutz des Fensters sind im Wesentlichen vom gewählten Rahmenmaterial und dessen Aufbau bzw. Dicke, der Art und Dicke der Verglasung sowie den Bauteilanschlüssen abhängig.

Das Fenster hat einen Mindestwärmeschutz zu leisten und so den Innenraum vor Kälte zu schützen. Die Elemente Rahmen und Glas müssen in der Lage sein, Temperaturspitzen zwischen Innen- und Außenraum trotz der relativ geringen Bauteiltiefe zu puffern. Um Wärmebrücken zu vermeiden, soll das Fenster möglichst in der Dämmebene der Wandfläche positioniert sein. Zur Vermeidung von Tauwasseranfall und Schimmelpilzbildung sollen die raumseitigen Oberflächen hohe Temperaturen aufweisen. › Kap. **Bestandteile Fenster, Verglasungssysteme**

Die an die Außenwand angrenzenden Räume sind schalltechnisch von der Außenwelt zu trennen. In den meisten Fällen wird der Innenraum vor Lärm von außen geschützt (z.B. vor Fluglärm, Straßenlärm etc.), aber auch der umgekehrte Fall ist denkbar.

Der erforderliche Wärme- und Schallschutz kann durch den Einsatz von Funktionsgläsern (Wärme- und Schallschutzverglasungen) oder

\\Hinweis:
Besonders bei Außenwänden und Verglasungen beeinflusst die raumseitige Oberflächentemperatur den Heizwärmebedarf und das Behaglichkeitsempfinden. Die so genannte empfundene Temperatur des Nutzers ist ein Mittelwert aus Luft- und Oberflächen-Temperatur. Ziel ist es, dass durch Materialwahl, Wandaufbau und/oder Einsatz verbesserter Fenster die raumseitigen Oberflächentemperaturen im Bereich der empfundenen Temperatur liegen.

\\Hinweis:
Tauwasseranfall, Kondensat
Wenn der in der (Raum-)Luft enthaltene Wasserdampf derart abgekühlt wird, dass er in den flüssigen Aggregatzustand übergeht, bildet sich Kondensat. Daher ist insbesondere bei Verglasungen und Bauteilanschlüssen auf möglichst hohe Oberflächentemperaturen zu achten.

13

durch die Art der Fensterkonstruktion (Winter-, Verbund-, Kastenfenster) sichergestellt werden. Mit verbessertem Wärmeschutz erhöhen sich die Oberflächentemperaturen der raumseitig angeordneten Glasscheibe. Der physiologisch unangenehme Kaltluftabfall im Bereich des Fensters wird so gemindert. Durch bessere Gläser steigen die wärmetechnischen Anforderungen an die konstruktiven Fensterteile. Mehrschichtige, gedämmte Holzrahmen oder thermisch getrennte Metallprofile führen zu deutlich besseren Eigenschaften des Gesamtelementes Fenster.

Neben dem winterlichen Wärmeschutz muss auch der sommerliche Wärme- bzw. Überhitzungsschutz beachtet werden. Dieser ist, außer von der Orientierung, vor allem von der Öffnungsgröße abhängig.

Feuchteschutz
und
Luftdichtheit

Weder Regen (und Spritzwasser) noch Feuchtigkeit dürfen durch das Fenster nach innen gelangen und die Bausubstanz schädigen.

Um Zugerscheinungen zu vermeiden und eine gezielte Lüftung sicherzustellen, ist ein luftdichter Anschluss vorzusehen. Dies betrifft vor allem die Fuge zum Bauwerk, aber auch die Fuge zwischen Blendrahmen und Öffnungsflügel. Durch verbesserte Dämmstandards gewinnen Lüftungswärmeverluste für den Energiehaushalt von Gebäuden an Bedeutung.

Neben den witterungsbedingten Anforderungen wirkt auch die Feuchtebelastung aus dem Innenraum auf das Fenster bzw. die Anschlussfugen ein. Bezogen auf die Wasserdampfdiffusion gilt das Prinzip, dass die Funktionsschichten innen dichter als außen sein müssen. Dies gewährleistet einen einwandfreien Feuchtetransport vom Innenraum durch die Baukonstruktion.

Sicht- und
Blendschutz

Große Öffnungen erfordern je nach Privatheit der dahinterliegenden Räume die Anordnung eines Sichtschutzes.

Blendung wird durch starken Leuchtdichtekontrast verursacht, der besonders bei Bildschirmarbeitsplätzen störend ist. Blendschutz-Systeme dosieren die einfallende Strahlung. Der Helligkeitsunterschied zwischen Gesichtsfeld und Bildschirm wird so abgemindert.

> ⚲

⚲

\\Wichtig:
Für ergonomisches Arbeiten gilt, dass Fenster und Oberlichter so beschaffen oder mit Blend- oder Sonnenschutzeinrichtungen versehen sein müssen, dass Räume gegen unmittelbare Sonneneinstrahlung abgeschirmt werden können. Vorschriften bzw. Empfehlungen finden sich in EU-Richtlinie 90/270, ISO 9241 sowie in diversen nationalen Vorschriften.

Abb.7:
Semitransparentes Blendschutzsystem

Abb.8:
Absturzsicherung

Der Blendschutz wird raumseitig angeordnet und sollte den Tageslichteintrag und den Sichtkontakt nicht gänzlich unterbinden. Besonders eignen sich Systeme, die vom unteren Rand der Öffnung hochfahr- und je nach Bedarf positionierbar sind, ohne die gesamte Glasfläche abzudecken. › Abb. 7

Der Sichtschutz kann außen, innerhalb eines mehrschaligen Fensters oder innen angeordnet sein.

Brandschutz

In Gebäuden muss das Entstehen eines Brandherdes verhindert werden. Gelingt dies nicht, darf sich das Feuer nicht ausbreiten. Brandüberschlag kann über die Öffnung horizontal von Raum zu Raum und vertikal von Geschoss zu Geschoss erfolgen. Um Brandüberschläge zu unterbinden, werden an Fensterrahmen und -gläser Brandschutzanforderungen gestellt. Diese sind von den Rahmenmaterialien und der gewählten Verglasung zu erfüllen.

Anprall- und Absturzsicherung

Insbesondere bei geschosshohen Verglasungen (Schaufenster, Panoramascheiben) können mögliche Anpralllasten die Fensterkonzeption beeinflussen und Spezialgläser oder zusätzliche Haltekonstruktionen erforderlich machen.

Bei allen Öffnungsflügeln von Fenstern und bei geschosshohen, großformatigen Festverglasungen oder Fenstertüren muss die baurechtlich geforderte Brüstungshöhe (abhängig von der Absturzhöhe) als Schutz vor Absturz eingehalten werden. › Kap. Bestandteile Öffnungen, Elemente Dies kann durch eine Brüstung, ein feststehendes Verglasungselement oder ein Geländer erfolgen. › Abb. 8

Einbruchschutz

Bei leicht zugänglichen Bereichen der Außenwand (z.B. das Erdgeschoss oder Fenster, die durch Putzbalkone miteinander verbunden sind)

sind im Regelfall besondere Maßnahmen zum Einbruchschutz erforderlich. Bei Fenstern und Fenstertüren besteht die Gefahr, dass diese mit einfachen Hebelwerkzeugen geöffnet werden, da die üblichen Fensterbeschläge nicht einbruchsicher sind. Der Einbruchschutz wird durch den Einbau einer einbruchhemmenden, aufeinander abgestimmten Gesamtkonstruktion (Rahmen mit Flügel, Beschlag und Verglasung) bzw. durch die Anordnung von Sicherheits- oder Fenstergittern bzw. Manipulatoren verbessert.

STEUERUNGSFUNKTIONEN

Für die Planung von Öffnungen – deren Größe, Anordnung etc. – sind unterschiedliche, zum Teil gegensätzliche Anforderungen zu erfüllen und in einen sinnfälligen Gesamtzusammenhang zu bringen.

Die Öffnungsgröße beeinflusst nicht nur das Maß der Durchsicht und des Außenkontaktes, sondern vor allem die Belichtungsmöglichkeiten und die direkte Nutzung von Sonnenenergie.

Aperturfläche

Für beide ist neben der absoluten Größe, der so genannten „Aperturfläche" (= Öffnungsfläche – Rahmenanteile), die Orientierung zur Himmelsrichtung von entscheidender Bedeutung.

Die Zunahme der Öffnungsgröße führt zu:

_ erhöhtem Tageslichteintrag
_ erhöhtem Strahlungseintrag
_ Überhitzungsproblemen im Sommer
_ vermindertem Wärmeschutz
_ erhöhtem Reinigungsaufwand

Die Anordnung in der Wandfläche und die geometrische Ausbildung der Öffnung stehen immer im Zusammenhang mit dem dahinterliegenden Raum. Beide haben Auswirkungen auf den Tageslichteintrag, die Belüftung sowie die Blickbeziehung des Nutzers zum Außenraum.

> 🔖

Sowohl horizontal als auch vertikal steht die Lage der Öffnung in Bezug zur Nutzung. Durch Möblierungsvarianten kann der horizontale Bezug zu Öffnungen verändert werden.

🔖

\\ Hinweis:
Bezüglich der Anordnung von Öffnungen in Wänden, die zu Nachbarbebauungen orientiert sind, bestehen in den meisten Staaten Vorschriften, die hinsichtlich Abstandflächen etc. zu berücksichtigen sind. In der Regel beträgt der Mindestabstand ≥ 5 m.

💡

\\ Wichtig:
Für die Planung ausreichender Sichtverbindungen in Wohnräumen lassen sich folgende Größen zugrunde legen (Höhe über Fußboden):
_ Oberkante Fensterfläche ≥ 2,20 m
_ Unterkante Fensterfläche ≤ 0,95 m
_ Breite Fensterfläche ≥ 55% der Raumbreite

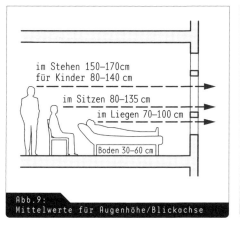

Abb.9:
Mittelwerte für Augenhöhe/Blickachse

im Stehen 150–170cm
für Kinder 80–140 cm

im Sitzen 80–135 cm

im Liegen 70–100 cm

Boden 30–60 cm

Abb.10:
Sprossenfreier Bereich in Augenhöhe

In der Vertikalen unterteilt man die Außenwand in folgende Bereiche:

_ Oberlicht (oberer Teil des Fensters über dem Kämpfer)
_ Fensterlicht (Blickfeld vom Innenraum)
_ Brüstung

Sichtbezug

Der Kontakt zum Außenraum wird durch den Einsatz transparenter, verzerrungsfreier und möglichst farbneutraler Baustoffe wie Glas oder Kunststoff erreicht. Durch Größe und Anordnung der Fenster kann der Sichtbezug aufgeweitet werden – z.B. durch Bandfenster, Panoramascheiben, geschosshohe Verglasungen – oder auch stark definiert bzw. begrenzt werden – z.B. durch kleine Öffnungen oder eine genaue Platzierung. › Abb. 9

Augenhöhe

Für die Lage der Öffnungen ist die Augenhöhe von sitzenden bzw. stehenden Personen zu berücksichtigen. Menschliche Proportionen wie Körpergröße und Sichtfeld, aber auch die Tätigkeit (sitzend, stehend, liegend) sind hier bestimmend. Für verschiedene Positionen können folgende Mittelwerte für die Augenhöhe bzw. Blickachse angenommen werden:

_ ca. 150–170 cm im Stehen
_ ca. 80–135 cm im Sitzen (beim Arbeiten)
› 💡 _ ca. 70–100 cm im Liegen

Die Unterteilung der Öffnungsfläche soll der Betätigung und Position der Nutzer entsprechen und der Sichtbezug zum Außenraum auf Blickachse nicht durch die Anordnung horizontaler oder vertikaler Bauteile in direkter Augenhöhe beeinträchtigt werden. › Abb. 10

17

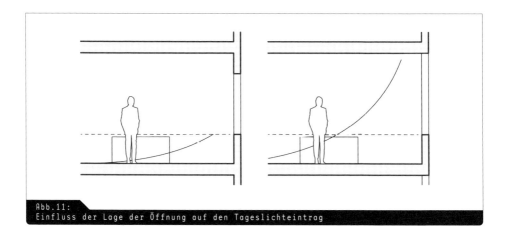

Abb.11:
Einfluss der Lage der Öffnung auf den Tageslichteintrag

Der Sichtkontakt nach außen ist oft mit dem Wunsch nach Frischluft gekoppelt, d.h. auch direkt am offenen Fenster stehen zu können. Daher sind bewegliche Verschlüsse leicht zugänglich zu gestalten.

Belichtung

Natürliche Belichtung ist sowohl physiologisch als auch energetisch von Bedeutung. Über das Licht- und Schattenspiel und wechselnde Lichtfarben werden im Innenraum tages- und jahreszeitliche Veränderungen des Sonnenstandes sicht- und erfahrbar. Ausreichende Tageslichtversorgung ist wichtig für das Wohlbefinden und gut für die Arbeitsproduktivität.

In den Bauordnungen wird in der Regel als Mindestmaß für die Öffnung von Wohnräumen ein Achtel der Raumgrundfläche (Nutzfläche) gefordert. Diese Mindestgröße steht in Wechselbeziehung zur Raumtiefe. Bei einseitiger Anordnung nimmt der Lichteintrag mit zunehmender Raumtiefe ab. Die äußeren Einflussgrößen sind:

Äußere Einflussgrösen

_ Orientierung zur Himmelsrichtung
_ tages- und jahreszeitliche Schwankungen
_ Beleuchtungsstärke und Lichtfarbe
_ Verschattung durch die Umgebung (Vegetation, Bebauung)

♀
\\Wichtig:
Der Tageslichtquotient (D = Daylightfactor) charakterisiert das Maß des Lichteinfalls und gibt das Verhältnis von Beleuchtungsstärken im Innen- und Außenraum (nur Diffuslicht) unter Normbedingungen in Prozent an.

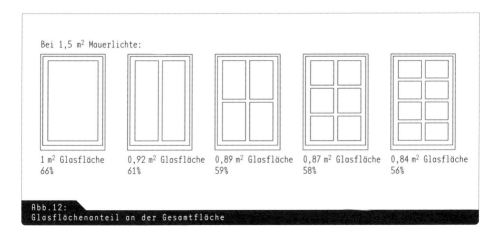

Bei 1,5 m² Mauerlichte:

1 m² Glasfläche
66%

0,92 m² Glasfläche
61%

0,89 m² Glasfläche
59%

0,87 m² Glasfläche
58%

0,84 m² Glasfläche
56%

Abb.12:
Glasflächenanteil an der Gesamtfläche

Für die Belichtung des Raumes ist die Lage der Öffnungsoberkante wesentlich. Hochliegende Fensteröffnungen begünstigen den Lichteinfall in die Raumtiefe. Bei gleicher Aperturfläche wird der Tageslichtquotient mit Zunahme der Höhe der Öffnungsoberkante über Fußbodenniveau größer. Dagegen leisten Öffnungsflächen im Bereich der Brüstung (unterhalb der Bezugebene von 0,85 m) nur einen geringfügigen Beitrag zur Verbesserung des Tageslichteinfalls. › Abb. 11

Für die Tageslichtnutzung ist die Lage der Öffnung in der Außenwand wichtiger als die absolute Größe. Generell ist der Tageslichteintrag bei vertikal in der Außenwand angeordneten Öffnungen etwa um den Faktor 5 geringer im Vergleich zu einer horizontalen Lichtöffnung gleicher Größe im Flachdach. Die tatsächlich im Raum vorhandene Helligkeit ist abhängig vom Reflexionsgrad der inneren Oberflächen, der wiederum von den vorherrschenden Farben stark bestimmt wird.

Arbeitsplätze sollten in Fensternähe angeordnet werden. Dabei sind die Lichteinfallsrichtung (zur Vermeidung von Eigenverschattungen auf der Arbeitsfläche) und die Hauptblickrichtung des Nutzers (in der Regel parallel zur Öffnung) zu beachten.

Bei der Belichtung von Räumen entstehen Lichtverluste durch Konstruktionsteile und Verschmutzung. Bis zu 40% der Flächenanteile von Fenstern entfallen auf Rahmen, Pfosten, Kämpfer, Sprossen. › Abb. 12 und 13

Seitlich angeordnete Bauteile, z.B. vorspringende Wandteile, und oberhalb der Öffnung vorkragende Elemente (Vordächer, Dachüberstände, Balkone) schränken den Tageslichteinfall und dessen Verteilung im Raum zusätzlich ein. Die Oberflächen solcher opaker Bauteile sollten möglichst hohe Reflexionsgrade aufweisen, da helle Farben das Tageslicht besser weiterleiten. Die Lichtausbeute kann durch die Anordnung lichtlenkender

Abb.13:
Jugendstilfenster

Systeme vor den Öffnungen erhöht und durch hochreflektierende Materialien als Deckenbekleidung, die die Strahlung bis in die Tiefe des Raumes
leiten, verbessert werden.

Sonnenenergie-
nutzung

Für Aufenthaltsräume ist die Besonnung wichtig. Durch verglaste
Öffnungen eintretende Sonnenstrahlen lassen sich, aufgrund des so genannten „Treibhauseffekts", auch zur Ergänzung der Gebäudeheizung nut-
zen.

Öffnungen sind in Verbindung mit unmittelbar dahinter angrenzenden Räumen einfache Kollektor- und Speichersysteme. Vier wichtige Para-
meter bestimmen den Anteil der direkt nutzbaren Sonnenenergie: klimatische und örtliche Gegebenheiten, die Orientierung zur Himmelsrichtung,
der Neigungswinkel der Öffnung und die Verschattungsfreiheit.

In Mitteleuropa fällt die Sonnenstrahlung sowohl tages- als auch
jahreszeitlich deutlich versetzt zum Wärmebedarf an. Bei einem Haus mit
gutem Wärmedämmstandard kann bis zu einem Drittel des Raumwärme-
bedarfs solar gedeckt werden, wenn in der Heizperiode die direkte Sonnenstrahlung über südorientierte Flächen genutzt wird. Bei nach Osten
bzw. Westen ausgerichteten Öffnungen (im Sommer besonders intensiv
bestrahlt) ist darauf zu achten, dass der Öffnungsflächenanteil etwa 40%
nicht überschreitet, um eine ausgeglichene Wärmebilanz zu erhalten.

Der Strahlungseintrag ist direkt proportional zur Öffnungsfläche,
daher können große Verglasungen zu Überhitzungen führen.

Einstrahlung, Öffnungsgröße, Wärmebedarf und raumseitig angeordnete thermische Speichermassen sollten im Gleichgewicht stehen. Für

die Nutzung solarer Gewinne sind auch in der Heizperiode Öffnungsflächen von über 50% nicht erforderlich. So lassen sich, kombiniert mit Sonnenschutzmaßnahmen (z.B. vorkragende Bauteile), auch ohne Kühlmaßnahmen im Sommer behagliche Innenraumverhältnisse erreichen.

Die nutzbaren solaren Gewinne sind durch konstruktive und nutzerbedingte Einflüsse zusätzlich beschränkt. Daher ist es sinnvoll, Rahmenprofile schmal zu wählen und Unterteilungen filigran auszubilden. Zu einer weiteren Reduktion der solaren Gewinne führen Stores oder Vorhänge. Innenliegende Sicht- und Blendschutzsysteme beeinträchtigen darüber hinaus die Speicherung von Sonnenstrahlung.

Die tatsächlich nutzbare solare Strahlung kann sich baulich bedingt um fast die Hälfte des theoretisch möglichen Ausgangswertes verringern und durch nutzerbedingte Einflüsse weiter bis zu einem Drittel abnehmen.

Belüftung

Nach der Belichtung ist die Belüftung die wichtigste Funktion der Öffnung. Lüften ist eine Grundbedingung für Wohlbefinden und Gesundheit der Nutzer und für den Schutz der Bausubstanz. Unter Lüftung versteht man den Austausch von Raumluft durch Außenluft. Dieser Vorgang erfolgt im Bereich der Außenwände traditionell über Fenster (erwünschter Luftwechsel) bzw. über Fugen zwischen Öffnung und Fensterelement sowie Blend- und Flügelrahmen (unerwünschter Luftwechsel).

Der durch Druckdifferenzen zwischen innen und außen verursachte Luftwechsel wird als freie bzw. natürliche Lüftung (auch Fenster-Stoßlüftung) bezeichnet. Der Austausch der Innenluft dient dazu, den Raum mit Frischluft zu versorgen, Wasserdampf, Geruchsstoffe sowie ausgeatmetes CO_2 abzuführen und trägt wesentlich zum Behaglichkeitsniveau bei.

Fensterlüftung

Flächengröße und die Öffnungsart des Fensters bestimmen das Maß des Luftwechsels. Zusätzliche Öffnungen (z.B. in einer gegenüberliegenden Wand), der Öffnungsgrad der Innentüren sowie die Anordnung und Stellung von Manipulatoren wie Rollläden oder Jalousetten begünstigen die Lüftung. Da das Verhalten der Nutzer unterschiedlich ist, werden für

\\ Wichtig:
Bei Verwaltungsbauten mit einem hohen Verglasungsanteil führt Überhitzung in Verbindung mit so genannten internen thermischen Lasten (Kunstlicht, Bürogeräte, Personen) zu einem hohen Kühlungsbedarf.

\\ Hinweis:
Solare Gewinne sind Einstrahlungen von Sonnenenergie durch Fenster und andere transparente/transluzente Bauteile. Sie tragen zur Erwärmung des Gebäudes und der Raumluft bei und reduzieren so den Heizwärmebedarf von Gebäuden. Es kann jedoch nur ein Teil der solaren Gewinne genutzt werden, der Rest fließt in die Umgebung ab.

Wohnräume Luftwechselraten von 0,5 bis 1,0 1/h als sinnvoll erachtet. Neben dem Luftwechsel beeinflusst die Luftgeschwindigkeit die Behaglichkeit. Als Grenzwert gelten in Innenräumen 0,2 m/s.

Individuell öffenbare Fenster haben den Vorteil, dass die Frischluftzufuhr unmittelbar durch den Nutzer reguliert werden kann. Im geöffneten Zustand dürfen die Flügel nicht mit anderen Bauelementen (z.B. Sonnen-, Blend-, Sichtschutzsysteme, Wand, Stützen) zusammenstoßen oder die Nutzung des Innenraumes einschränken. Bei einseitiger Anordnung der Fenster gelten Räume als natürlich belüftbar, wenn die Raumtiefe das Maß der lichten Öffnungshöhe nicht um den Faktor 2,5 überschreitet.

Die Belüftung von Räumen ist nicht zwingend an das Fenster geknüpft. Insbesondere bei 3-fach-Isolierverglasungen oder großformatigen Scheiben kann aufgrund des Gewichtes vor allem für die Beschläge eine Trennung in ein feststehendes Verglasungselement und einen gut gedämmten, leichten Lüftungsflügel sinnvoll sein. › Abb. 14

Fensterlüftung weist eine Reihe von Problemen auf, die aus dem Nutzerverhalten resultieren. Neben der fehlenden Regelmäßigkeit führt manuelles Lüften oftmals nicht zu einem ausreichenden Luftaustausch. Infolge des unkontrollierten Luftstromes kommt es zu erhöhten Lüftungswärmeverlusten im Winter bzw. zusätzlichen Kühllasten im Sommer.

Im Zuge wärmetechnisch verbesserter Außenwandkonstruktionen werden Lüftungswärmeverluste für den Energiehaushalt von Gebäuden wichtiger. Fehlverhalten beim Lüften lässt sich durch gesteuerte Luftzufuhr vermeiden, was jedoch zum Verlust individueller Regelbarkeit führen kann. Insbesondere in so genannten Passivhäusern werden mechanische Be- und Entlüftungssysteme installiert.

In vielen (vor allem älteren) Gebäuden findet ein zusätzlicher Luftwechsel über Bauteilfugen statt. Fugenlüftung lässt sich nicht steuern und sichert keine gleichmäßige Lüftung. Zudem bergen Fugen durch

Luftwechsel über Bauteilfugen

\\ Hinweis:
Die Luftwechselrate n in der Einheit [1/h] gibt an, wie oft das Raum- bzw. Gebäudevolumen in einer Stunde ausgetauscht wird. Beispiel: n = 10/h: Das 10-fache Raum- bzw. Gebäudevolumen wird in einer Stunde ausgetauscht.

\\ Wichtig:
Luftwechsel (LW)

Fensterstellung	LW in 1/h
Fenster und Tür geschlossen	0,1 bis 0,3
Fenster gekippt, Rollladen zu	0,3 bis 1,5
Fenster gekippt	0,8 bis 4,0
Fenster halb offen	5 bis 10
Fenster ganz offen	9 bis 15
Querlüftung (gegenüberliegende Fenster, Zwischentüren ganz offen)	bis 40

Abb.14:
Verglasungselement mit opakem
Lüftungsflügel

kondensierendes Wasser die Gefahr von Bauteilschäden. Im Zuge verbesserter Dichtungen bis hin zu vollständig luftdichten Anschlüssen im Neubau verliert dieses Thema aber an Relevanz.

RÄNDER

Öffnungen werden durch baukonstruktive Elemente begrenzt, die je nach Lage unterschiedliche Funktionen aufnehmen. Von einer orthogonalen Ausbildung, die zunächst aus den verwendeten Baumaterialien und

\\Tipp:
Für (Dauer-)Lüftung eignen sich besonders
kleine und gut regelbare Öffnungen, die einen
möglichst großen Abstand in der Vertikalen
zueinander aufweisen. Dies vermindert auch
unerwünschte Abkühlung und Zugerscheinungen.
Das vor allem in den angelsächsischen Ländern
verbreitete vertikale Schiebefenster hat hier
gegenüber dem Dreh-/Kippfenster Vorteile.

Abb.15:
Geometrische Ausbildung des Randes

ihren modularen Abmessungen resultiert, kann auch abgewichen werden. Diese Anpassungen haben Einfluss auf den Tageslichteintrag, die Sichtbeziehung nach außen und die direkte Sonnenenergienutzung.

Insbesondere im Massivbau mit dicken Wandstärken ist die Öffnung auch der Raum zwischen der äußeren Wetterhaut und der Innenwandoberfläche, der je nach Lage des Fensters zu einer räumlich-plastischen Gestaltung genutzt werden kann.

Im Zuge energiesparenden Bauens und Modernisierens zeigt sich eine gegenläufige Tendenz zur Abnahme der Wandstärken im „modernen" konstruktiven Vokabular: Die Wand wird aufgrund der gestiegenen Anforderungen an den Wärmeschutz und der daraus resultierenden großen Dämmstärken wieder dicker. Das Thema der Ränderausbildung gewinnt dadurch an Aktualität.

Wandstärke — Bei gleicher Aperturfläche werden durch Wanddicke und Leibungsgestaltung sowohl die Belichtung als auch die Sonnenenergienutzung beeinflusst. Darüber hinaus haben Bauart und Konstruktionsweise auch Auswirkungen auf den Sichtbezug von innen nach außen: durch Aufweitung oder Einschränkung des Sichtbezugs. › Abb. 15 und 16

Bei nichttragenden, vorgehängten Fassaden, die durch schmalere Wandaufbauten eine deutlich geringere Verschattungstiefe aufweisen, sind über die Dicke der Verglasung hinaus auch die Abmessungen der in den Raum hinein reichenden Pfosten und Riegel mit zu berücksichtigen.

Geometrische Ausbildung — Die Tiefe der Ränder ergibt sich aus dem Wandaufbau. Die Ausbildung steht in Zusammenhang mit dem Anschlag der öffnungsschließenden Elemente (z. B. Fenster oder Festverglasung).

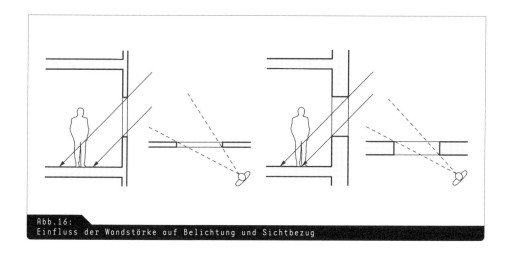

Um bei kleinen Öffnungen den Lichteintrag zu verbessern oder diese optisch größer erscheinen zu lassen, können die Ränder abgeschrägt werden. Diese (Fenster-)Einschnitte lassen sich nach außen wie nach innen schräg geführt anordnen. Der Tageslichteintrag wird zusätzlich erhöht, wenn die Flächen der Leibung mit einer hellen, stark reflektierenden Farbe gestrichen sind.

Der Öffnungsrand lässt sich umlaufend oder einzeln, symmetrisch oder asymmetrisch verändern. Unabhängig von der Materialisierung der Außenwand können die Schrägen in Sichtmauerwerk oder mit entsprechenden Putzschichten in Beton oder Naturstein ausgebildet werden.

Abschrägung nach außen

Eine nach außen geführte Abschrägung vergrößert im Sturzbereich den Anteil des Zenitlichts im Innenraum. Eine deutlich geneigte Ausführung der Sohlbank verbessert die Regenwasserableitung und ermöglicht einen erweiterten Außenbezug, besonders in mehrgeschossigen Bauten, bei gleichzeitig vorhandener Brüstung als Sichtschutz. › Abb. 17

Abschrägung nach innen

Zum Raum hin aufgeweitete Leibungen verringern den Leuchtdichtekontrast zwischen Wand und Öffnung und vermeiden damit Blendung. Der gerade Rand verstärkt den so genannten Silhouetteneffekt. Bei wolkenlosem Himmel und sonnenexponierten Flächen besteht zwischen der raumseitig überstrahlten Öffnung und der dunklen Wand nur eine relativ schmale Kante. Durch die Abschrägung entsteht eine Übergangszone von mittlerer Helligkeit. In Abhängigkeit von Leibungstiefe und -winkel tritt kaum oder keine Blendung mehr auf.

„Mach aus dem Fensterrahmen eine tiefe, abgeschrägte Kante: etwa 30 cm breit und in einem Winkel von 50 bis 60 Grad zur Fensterebene,

25

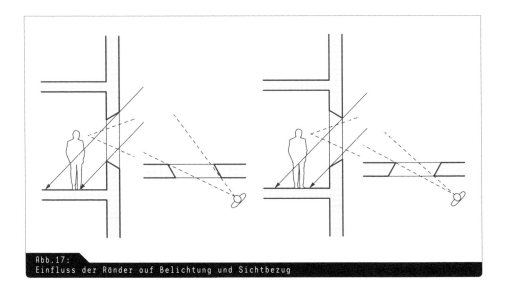

Abb. 17:
Einfluss der Ränder auf Belichtung und Sichtbezug

so dass durch die allmähliche Abstufung des Tageslichts ein sanfter Übergang zwischen dem Licht des Fensters und dem Dunkel der Innenwand entsteht." (Christopher Alexander et al., *Eine Mustersprache*, 1995, S. 1139)

Im Gegensatz zu den historischen Beispielen findet sich in einer Reihe von aktuellen Bauten eine Vielzahl von asymmetrischen Lösungen. Diese ermöglichen eine besondere Bezugnahme auf lokale klimatische Bedingungen oder Gegebenheiten der städtebaulichen Situation. › Abb. 18 und 19

Bei der geometrischen Ausbildung der Ränder ist immer auch das Verhältnis zur Öffnungsgröße und deren Relation zur Wandfläche zu beachten. Staffelung bzw. abgetreppte Anordnung einzelner Bauteile bzw. der Versatz von Randflächen erzeugen eine plastische Wirkung der Wand im Außenraum. Diese wird durch das sich daraus ergebende Licht- und Schattenspiel, den Wechsel der Oberflächenmaterialien und farbliche Differenzierungen noch gesteigert. Die Tiefe der Ränder lässt sich durch zusätzliche, aus der Ebene der Wetterhaut geführte Bauteile (Gewände oder verlängerte Leibungsbretter › Kap. Bestandteile Öffnungen, Elemente, Sturz) vergrößern (jedoch nicht verkleinern).

Auch wenn zu diesem Thema bisher kaum Quantifizierungen hinsichtlich des Wechselspiels von Öffnungsgröße, Ränderausbildung, Lichteintrag, Sonnenenergienutzung vorliegen, erweitert sich auf der Gestaltungsebene das Repertoire in der Planung von Öffnungen enorm.

Abb.18:
Einseitige Randschräge

Abb.19:
Zweiseitige Randschräge

MANIPULATOREN

Für die gezielte manuelle oder mechanische Steuerung der klimatischen und witterungsbedingten Einflüsse auf den Raum werden so genannte „Manipulatoren" vor Öffnungen eingesetzt. Mit solchen Bauelementen kann das Maß der Durchlässigkeit und damit die Luftqualität sowie das Temperatur- und Feuchteniveau zwischen Innenraum und Außenklima in Abhängigkeit von Tages- und Jahresverlauf reguliert bzw. eine teilweise oder vollständige Abschattung für Strahlung oder Transmission vorgenommen werden. Je nach Bewegungsmechanismus und aufzubringender Kraft können mehrere Manipulatoren kombiniert und gemeinsam betätigt werden.

Parallel zur Vergrößerung der Öffnungsflächen verläuft die Suche nach Materialien und Bauteilen, mit denen das Maß erwünschter Durchlässigkeit beeinflusst werden kann. Die ersten dieser Elemente bestanden

\\Beispiel:
In den Bauten des Frankfurter Architekten
Christoph Mäckler oder des Stuttgarter Archi-
tekturbüros Lederer Ragnarsdóttir Oei finden
sich Beispiele einer geometrischen Akzentuie-
rung der Öffnungsränder.

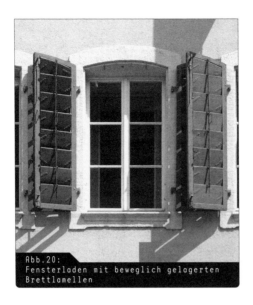

aus Häuten, Stoffen oder Papieren. Später folgten einfache opake Konstruktionen wie dreh- und schiebbare (Holz-)Läden, die zusätzlich mit halbtransparenten, organischen Stoffen bespannt waren. Aus diesen einfachen Brettläden hat sich eine Vielzahl beweglicher Elemente durch Ausdifferenzierung bestehender › Abb. 20 oder Entwicklung neuer Systeme entwickelt.

Die Betätigung von Manipulatoren kann auch mechanisch erfolgen. Über Sensoren besteht die Möglichkeit, in Abhängigkeit der Witterungsbedingungen die Systeme automatisch zu steuern. Dabei ist es sinnvoll, dass die Nutzer nach Bedarf individuelle Anpassungen vornehmen können. Behaglichkeitsniveau und Energieverbrauch lassen sich durch Kombination verschiedener Elemente bzw. Prinzipien optimieren.

Anordnung

Die Anordnung von Manipulatoren hat direkten Einfluss auf die funktionalen Zusammenhänge. Dies betrifft die

_ Lage zur Öffnung (oben/mittig/unten/ein- oder mehrseitig)
_ Lage in der Außenwand (außen, distanziert zur Öffnung/außen/in die Fensterebene integriert/innen).

Funktionale
Merkmale

Manipulatoren unterscheiden sich durch ihre technische und materielle Ausformung, vor allem aber durch die Handhabung und den Grad an Variabilität, d.h., durch das Maß der Änderung im Öffnungszustand. Darüber hinaus spielen Bewegungsart und -richtung eine wichtige Rolle.

Bei den bekannten Systemen besteht in der Ausführung eine große Vielfalt. Hinsichtlich wesentlicher typologischer Merkmale lassen sich drei Betrachtungsebenen unterscheiden:

_ Durchlässigkeit
_ Bewegbarkeit (des Elements)
_ Paketierungsgröße

Die Art und das Maß der Durchlässigkeit für Licht, Luft und Wärme bestimmt entscheidend das funktionale Eigenschaftsprofil eines Manipulators. Neben der offenen und der geschlossenen Ausführung können auch Zwischenzustände eingestellt werden. Je nach Bewegungsart ist dadurch eine Dosierung der Durchlässigkeit möglich (z. B. von der gesamten Öffnungsfläche bis zu einem schmalen Spalt).

Manipulatoren lassen sich durch die Adjektive bewegbar (im Sinne von: kann bewegt werden) und beweglich (im Sinne von: ist zum Bewegen konstruiert) unterscheiden. Häufig werden diese in einem zeitlichen Zusammenhang verwendet: temporär bewegbar, d. h. fixiert, z. B. als Winterfenster oder loser Fensterladen, oder dauerhaft beweglich, z. B. als Klappladen, Rollladen.

Im Folgenden werden Manipulatoren als dauerhaft bewegliche Elemente behandelt. Darüber hinaus gibt es Systeme ohne Bewegung, z. B. schaltbare Funktionsgläser (thermotrope Schichten, gasochrome oder elektrochrome Gläser). › Kap. Bestandteile Fenster, Funktionsgläser

Bauteile von Manipulatoren können in sich untergliedert sein. Zusammen mit der Bewegungsart lassen sich daraus verschiedene Zustände mit veränderbarer Durchlässigkeit erzeugen.

Die Paketierungsgröße, d. h. die Größenänderung in den Abmessungen, ist ein wesentlicher Aspekt für den Einsatz von Manipulatoren. Diese kann unverändert (z. B. bei einem Schlagladen) oder reduziert sein (z. B. bei einem Faltladen oder, noch deutlicher, bei Jalousetten, deren Pakethöhe etwa 6 bis 10% der maximal abdeckbaren Gesamtfläche entspricht) und hat direkten Einfluss auf die Handhabung.

Bewegungsarten sind oftmals eine Kombination von Bewegungsprinzipien. Mit der Richtung kombiniert, resultiert daraus eine Vielfalt von Möglichkeiten. Eine effiziente Regelung der Behaglichkeit ist dann möglich, wenn auf die licht-, schall- und wärmetechnischen Einflüsse unabhängig voneinander reagiert werden kann. Die Bewegung kann erfolgen:

_ um die vertikale Achse (Rotation, Jalousieladen)
_ um die horizontale Achse (Rotation, Horizontal-Lamelle)
_ mit vollständiger Ortsveränderung ohne Veränderung des Elements (Translation, Schiebeladen)

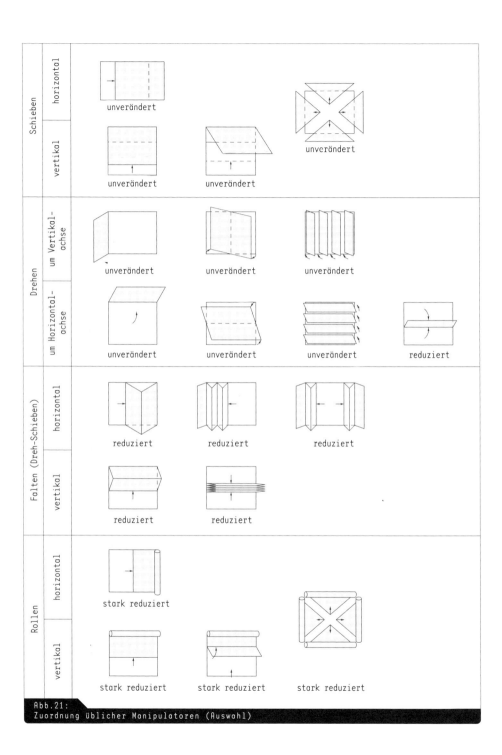

Abb.21:
Zuordnung üblicher Manipulatoren (Auswahl)

Sender:

E-Mail:

I am

☐ A student
☐ A teacher

☐ I would like to be kept informed of the publisher's future publications.

Are you interested in becoming a Birkhäuser author?
If so, please contact the editorial department.

All of the cards we receive are entered in a semiannual prize drawing for five Birkhäuser books.
Results of the drawing are final and legal recourse is excluded.
Winners will be notified by us.

www.birkhauser.ch

RÉPONSE PAYÉE
SUISSE

Birkhäuser
Viaduktstrasse 42
4051 Basel
Schweiz

Your opinion is important to us

1. Please list the author and title of the book you purchased:

2. Please rate the book in the following areas:
1 = very good, 5 = poor

	1	2	3	4	5
Up-to-date					
Accurate					
Practical					
Language is clear and comprehensible					
Visual presentation (layout)					
Quality of illustrations/tables					
Organization, didactic approach					
Value for money					

3. How could the book be improved?

4. In which of the following areas do you have the greatest need for information?

- Design
- Technical Drawing
- Construction
- Profession
- Building Physics/Building Services
- Design Aesthetics
- Materials
- Landscape Architecture
- Town Planning
- Theory

5. What is a subject in which you feel a good textbook or reference work is still lacking?

6. Do you have any other comments? ...please send them to: feedback@birkhauser.ch

7. How did you find out about this book?

- Colleague
- Teacher
- Bookstore
- Publisher's catalogue
- Publisher's prospectus
- Journal
- Internet
- Review in
- Ad in
- Other

_ mit vollständiger Ortsveränderung unter Veränderung der Elements (Transformation, Rollladen).

Hinsichtlich der Handhabung und des räumlichen Platzbedarfs lassen sich die Bewegungsarten zusätzlich durch Bezug auf die Fassadenebene – in der Regel außen/innen und oben/unten – unterscheiden:

_ Drehen: nach innen/außen aufgehend
_ Klappen: nach innen/außen aufgehend
_ Schieben: horizontal (nach rechts/links)/vertikal (nach oben/unten)
  > Abb. 21

Bauarten

Die einfachste Form, Öffnungen mit Manipulatoren zu verschließen, stellt der Fensterladen dar, der aufgrund der Verfügbarkeit, guten Bearbeitbarkeit und leichten Handhabung häufig in Holz hergestellt wird. Es finden sich ebenfalls Beispiele aus Naturstein und seit dem 19. Jahrhundert vielerorts auch aus Metall. Fensterläden wurden zunächst als Alternative und erst seit dem 15. Jahrhundert zusätzlich zu Fenstern eingesetzt.

> 🔍

Bewegungsart und Befestigungsweise

Manipulatoren lassen sich nach Bewegungsart und Befestigungsweise unterscheiden:

_ Schiebeladen (horizontal verschieblich), seitlich vor eher kleineren Öffnungen, raumseitig oder außen in Schienen geführt > Abb. 22
_ Fall-/Zugladen (vertikal verschieblich), über oder unterhalb der Öffnung, meist in den Wandaufbau eingelassen
_ Schlagladen (beweglich durch Drehen; umgangssprachlich häufig als Klappladen bezeichnet), seitlich der Öffnung in Angeln befestigt; Variante ist Jalousieladen, Schlagladen mit Füllungen aus schräg gestellten (teils beweglichen) horizontalen Lamellen > Abb. 20

🔍

\\ Beispiel:
Am Fensterladen lässt sich veranschaulichen, wie dessen funktionale Ausdifferenzierung fortschreitet und der konstruktive Aufbau komplexer wurde. Ausgehend von dem opaken Brettladen erhalten seine Füllungen für einen minimalen Lichtbedarf und Außenbezug kleinere eingefügte transluzente oder transparente Öffnungen. Um 1700 wurden aus den flächig angeordneten Brettern feststehende, schräg gestellte Lamellen. Später auch beweglich gelagert, konnte mit einer Holzleiste oder Metallstange das Maß an Durchlässigkeit manuell angepasst werden. Es finden sich früh Beispiele mit der Aufteilung des Ladens in unterschiedliche Funktionsflächen, damit je nach Bedarf Lichteintrag, Durchsicht, Lüftung und Sichtschutz unabhängig voneinander eingestellt werden können.

Abb.22:
Horizontales Schiebeelement aus
Leichtmetall

Abb.23:
Falt-Drehläden aus Holz mit Lamellenstruktur

_ Klappladen (beweglich durch Klappen und Kippen), mit Scharnie-
ren über oder unterhalb der Öffnung befestigt
_ Faltladen (beweglich durch Kombination von Schieben und Drehen), seitlich in Angeln befestigt › Abb. 23 und 24
_ Rollladen (schmale Lamellen, auf Schnüren oder Ketten aufgereiht)
oder (Folien-)Rollos (beweglich durch Rollen), über der Öffnung befestigt, teils in den Wandaufbau eingelassen
_ Jalousette oder Raffstore (schmale Lamellen, auf Schnüren aufgereiht; beweglich durch Kombination von Schieben und Drehen),
über der Öffnung befestigt, teils in den Wandaufbau eingelassen
› Abb. 25

Manipulatoren sind je nach Anforderung in nahezu allen beim Bauen
üblichen Materialien verfügbar. Bei der Fülle von Kombinationen einzelner
Bauteile mit unterschiedlichen Bewegungsmechanismen ist zu beachten,
dass diese sich nicht gegenseitig beeinträchtigen.

Elementgrößen   Bei Manipulatoren besteht eine Abhängigkeit der Elementgröße bzw.
der Profilquerschnitte von Abmessung und Bewegungsart. So sind bei
Schlag- und Faltläden stehende Formate, bei Klappläden liegende Formate
bezüglich der Handhabung und Lasteinwirkung auf Beschläge und Unter-
konstruktion sinnvoll. Bei „extremen" Proportionen zwischen Lang- und
Schmalseite können beim Bewegen von Schiebeläden leicht Verkantungen
auftreten. Bei linearen Systemen wie Lamellen und Rollläden ist die Spann-
weite zu beachten, um Durchbiegung zu vermeiden.

Abb.24:
Opake Falt-Drehläden aus Holz

Abb.25:
Leichtmetall-Jalousetten

Anwendungs-
beispiel
Sonnenschutz
Für die Auswahl eines geeigneten Manipulators ist die Kenntnis der jeweiligen Wechselwirkungen zwischen Witterungseinfluss und Wirkungsprinzip wichtig. Im Zusammenhang mit dem Sonnenschutz (Verschattung der Öffnung) muss auf die jeweils unterschiedlichen klimatischen Verhältnisse, den über den Tag und das Jahr wechselnden Sonnenstand reagiert werden.

Für die Verschattung lassen sich am Beispiel südorientierter Öffnungen verschiedene Prinzipien unterscheiden:

_ Die vollständige unmittelbare Abdeckung der Öffnungsfläche: der Sichtkontakt nach außen wird unterbunden, für die Raumbeleuchtung ist Kunstlicht erforderlich.

_ Semitransparente Strukturen (Lochungen, Streckmetall etc.): ein gewisser Außenbezug und Tageslichteintrag wird bei weitgehender Verschattung der Öffnung ermöglicht. › Abb. 26

Lamellen-
struktur
Wirksamer ist die Aufteilung der Fläche durch die Addition kleinerer Elemente in eine Lamellenstruktur: Je nach Sonnenstand ist durch „Nachführung" der Lamellen eine Verschattung – bei gleichzeitiger Durchsicht – gegeben. Eine Optimierung stellen entkoppelte, getrennt steuerbare Systeme dar. Im Bereich der Blickachse ermöglichen sie Verschattung und Außenbezug; in Höhe des Oberlichtes kann unabhängig davon Tageslicht eingelenkt werden. Diese Systeme leisten effizient Sonnenschutz bei gleichzeitig natürlicher Belichtung und Sichtkontakt, der mit dem Einsatz semitransparenter Lamellen optimiert wird. › Abb. 27

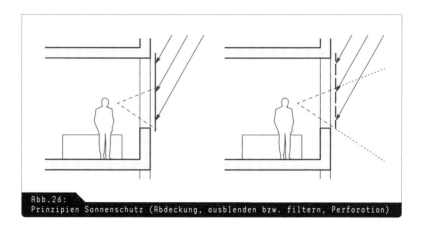

Abb.26:
Prinzipien Sonnenschutz (Abdeckung, ausblenden bzw. filtern, Perforation)

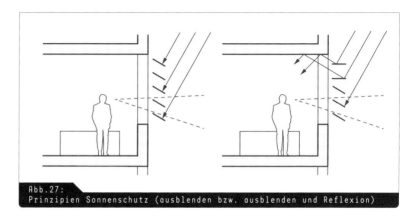

Abb.27:
Prinzipien Sonnenschutz (ausblenden bzw. ausblenden und Reflexion)

Anordnungs-
prinzipien

Bei Lamellenstrukturen sind zwei Anordnungsprinzipien zu unterscheiden, die sich durch die Ausrichtung zur Himmelsrichtung und den damit verbundenen Sonnenstand ergeben:

_ Auf der Südseite in steilem Winkel auftreffende Sonnenstrahlen werden durch horizontale Lamellen daran gehindert, ins Rauminnere einzudringen. Je flacher der Höhenwinkel (Ost- und Westseite), desto vollständiger ist die erforderliche Abschattung.
_ Bei nach Osten und Westen orientierten Öffnungen wird eine Transmission durch vertikale Lamellen unterbunden.

Trotz Verschattung ist ein Außenbezug gegeben. › Abb. 28–30

34

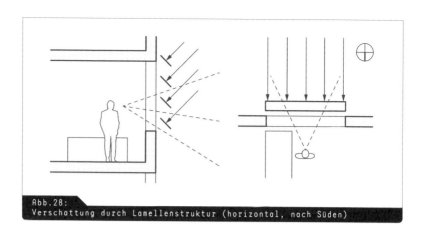

Verschattung durch Lamellenstruktur (horizontal, nach Süden)

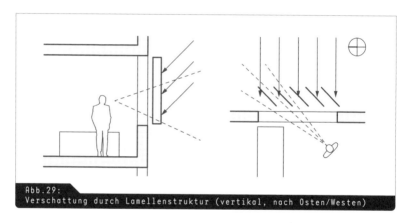

Verschattung durch Lamellenstruktur (vertikal, nach Osten/Westen)

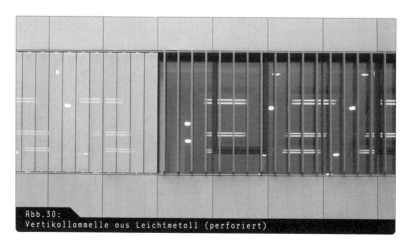

Vertikallammelle aus Leichtmetall (perforiert)

ELEMENTE

Sturz

Der obere Abschluss einer Wandöffnung ist der Sturz. Er überspannt die Öffnung und leitet Lasten in die seitlich anliegenden tragenden Wandquerschnitte, die Leibungen, ein. Der einfachste Sturz ist ein auf Biegung belasteter Balken (z.B. Holz, Stahlbeton, Stahl). Materialspezifische Längenbegrenzungen und die maximal zulässige Durchbiegung des Balkens begrenzen die Öffnungsgröße. Druckbelastete Sturzkonstruktionen finden traditionell vor allem im Mauerwerksbau Anwendung (z.B. scheitrechter Bogen). An den Auflagern müssen vertikale, aber auch horizontale Lasten aus der Bogenwirkung aufgenommen werden.

> 𝕚

Stahlbetonstürze können vor Ort im Zusammenhang mit der Geschossdecke betoniert oder als Fertigsturz geliefert werden. Die Produktpalette der Fertigstürze umfasst neben den Stahlbetonfertigteilen auch Ziegelschalen mit betonummantelter Stahlbewehrung, U-Schalenfertigstürze und Rollladenstürze.

Sonnenschutz-system

In Abhängigkeit von der Gebäudeorientierung und der Außenwandkonzeption muss ein Sonnenschutzsystem (z.B. Rollladen, Raffstore) entweder im Sturz integriert oder außenliegend angebracht werden. Die Integration im Sturzbereich kann Auswirkungen auf die Rohbaugeometrie und dadurch auf die Schutzfunktion der Außenwand haben.

Öffnungen können auch ohne Sturz deckenbündig abgeschlossen werden. Dies hat eine großzügigere Innenraumwirkung und einen besseren Tageslichteintrag zur Folge. Die Geschossdecke erhält gegebenenfalls eine Randbewehrung, um die Öffnungsbreite überspannen zu können.

Brüstung

Der untere Abschluss einer Öffnung kann als Brüstung ausgeführt werden. Massive Aufmauerungen oder feststehende Fensterelemente müssen ausreichend hoch sein, um vor Absturz zu schützen. Je nach Fensterposition in der Außenwand ist eine horizontale Abdeckung nach innen, eine Fensterbank, insbesondere aber nach außen vorzusehen.

Oft sind im Brüstungsbereich raumseitig Heizkörper angeordnet, die unter anderem den Kaltluftabfall an den Glasscheiben reduzieren. Die

𝕚

\\Hinweis:
Mehr Informationen zu statischen Systemen,
Tragverhalten und Auflagern finden sich in
Basics Tragsysteme von Alfred Meistermann, er-
schienen im Birkhäuser Verlag, Basel 2007.

üblichen Heizkörpernischen dürfen die statische Wirksamkeit des Wand-
querschnittes und den Wärmedurchlasswiderstand der Wand nicht wesentlich verschlechtern.

Fenstertüren haben in der Regel keine Brüstung. Die Dichtung der
Tür muss im unteren Bereich gewährleistet sein, was üblicherweise über
die Ausbildung einer Schwelle gewährleistet wird. Ein schwellenloser
Übergang in den Außenraum oder auf einen Balkon ist bei Anordnung von
Gitterrosten oder Rinnen möglich. Ab einer Absturzhöhe von einem Meter
über Gelände muss für eine Absturzsicherung des Balkons oder der Ter-
rasse gesorgt sein.

Anschlag

Als Anschlag des Fensters wird die flächige Verbindung zwischen
Fensterrahmen und Rohbau bezeichnet. Man unterscheidet: > Abb. 31

(a) Fenster mit Innenanschlag > Abb. 33

(b) Fenster ohne Anschlag

(c) Fenster mit Außenanschlag

Unabhängig davon kann das Fenster in verschiedenen Ebenen angeordnet sein. > Abb. 32

(d) bündig zum Innenraum

(e) mittig in der Leibung

(f) bündig zum Außenraum

Die Dämmebene muss immer an das Fenster herangeführt werden.
Anschläge werden in der Regel dreiseitig, jeweils in der Leibung und im
Sturzbereich, vorgesehen. Fenster mit Anschlag – üblich ist die mittige
Anordnung mit Innenanschlag – ermöglichen die Ausführung einer so
genannten Schikane zwischen Rohbau und Fensterrahmen, während bei
Fenstern ohne Anschlag die Anforderungen an die Fuge (Dichten, Dämmen,
Befestigung) innerhalb der Rahmentiefe erfüllt werden müssen.

> 🗍   > 💡

\\Beispiel:
Absturzhöhen
Bei Öffnungsflügeln muss die Einhaltung der
geforderten Brüstungshöhen durch massive Brüs-
tungen oder feststehende Verglasungselemente
als Schutz vor Absturz gewährleistet sein.
Bei Fenstertüren ist in Abhängigkeit von der
Öffnungsrichtung eine innen- oder außenseitige
additive Absturzsicherung, z.B. durch ein
Geländer, erforderlich.

Die Brüstungs- bzw. Geländerhöhen sind abhängig von Gebäudehöhe und -nutzung. Massive
Fensterbrüstungen sollten bis zu 12 m Absturzhöhe ≥ 80–90 cm (außer im Erdgeschoss)
betragen, darüber sollten sie ≥ 90–110 cm hoch
sein. Geringere Brüstungshöhen sind nur bei
Anordnung einer zusätzlichen Absturzsicherung
möglich.

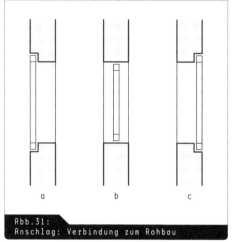

Abb.31:
Anschlag: Verbindung zum Rohbau

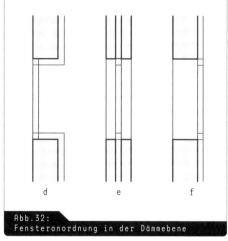

Abb.32:
Fensteranordnung in der Dämmebene

Traditionell finden sich Leibungen mit äußerem Anschlag in besonders sturmreichen Gebieten (z.B. Nordseeküste). Durch den Winddruck werden die nach außen aufschlagenden Fensterflügel – wie auch das gesamte Fenster– vorteilhaft auf die Dichtungen und Falze gepresst.

Heute ist eher die Montage der Fenster das entscheidende Kriterium für die Anschlagsart. Gerade bei mehrgeschossigen Gebäuden ist der Einbau von außen und im Schadensfall der Austausch des Fensterelements nur mit Hilfe von Gerüsten oder Hebezeugen möglich. Bei großen, besonders schweren Elementen kann die Ausbildung eines Außenanschlages aufgrund des Einsatzes von Hebezeugen (Kran) sinnvoll sein.

Wird ein Fenster außenbündig angeschlagen, sind Rahmen, Glas und Anschlussfugen besonders exponiert. Die Anschlüsse erfordern eine sorgfältige Ausführung. Bauphysikalisch ist die außenbündige Fensterposition

\\ Hinweis:
Als Schikane bezeichnet man die geometrische Ausbildung eines Bauteils, z.B. durch Anschlag oder Nut, das als eingebautes Hindernis in der Wandkonstruktion das unmittelbare Eindringen von Wasser verhindert.

\\ Wichtig:
Dämmebene – Anschlag
Fenster sollten in der Dämmebene der Fassade angeordnet sein, um Wärmebrücken zu vermeiden. Zudem bietet der Anschlag durch die Prinzipien Schikane und Überlappung Schutz vor Niederschlag.

Abb.33:
Innenanschlag mit Überdeckung des
Blendrahmens

selbst bei Ausführung eines Außenanschlages (Randfugen als Schikane) schwierig, da im Bereich der Fensterleibung der Taupunkt weit nach außen verlagert wird und Wärmebrücken entstehen können. Dies erfordert gegebenenfalls eine Innendämmung von Leibung und Sturz. Raumseitig betrachtet kann bei festverglasten Fenstern mit Außenanschlag ein bündiger Übergang zwischen Leibung und Verglasung erreicht werden.

Innenanschlag Beim Innenanschlag lässt sich das Fenster meist ohne größeren Aufwand vom Innenraum aus montieren und im Schadensfall austauschen. Der Rahmen wird von innen gegen den Anschlag gepresst und liegt um Anschlagtiefe zurückversetzt in der Außenwand. Die Ansichtsbreite des Blendrahmens ist im Bereich des Sturzes und an den Leibungen abhängig von der Überlappung und kann auf das Flügelrahmenprofil reduziert werden. › Abb. 33

Innenanschläge bieten erhöhte Sicherheit, da der Anschlag den Rahmen überlappt und die Anschlagsfuge als Schikane ausgeführt wird. Das Fenster lässt sich bündig zur inneren Wandfläche einbauen. Ähnlich wie bei der außenbündigen Anordnung müssen lagebedingte Wärmebrücken mit Gegenmaßnahmen (z.B. Innendämmung oder Dämmung der Leibung) ausgeglichen werden.

Ohne Anschlag Wird die Wandöffnung ohne Anschlag ausgeführt, bedeutet dies zunächst für die Rohbauarbeiten eine Vereinfachung. Die Anschlüsse müssen jedoch höhere Ansprüche erfüllen, da sie sowohl wind- und dampfdicht als auch wärmebrückenfrei ausgeführt sein sollen, wofür – im Gegensatz zu Anschlüssen mit Anschlag – jedoch lediglich die Tiefe des Fensterprofils zur Verfügung steht.

Soweit das Fenster in der Dämmebene angeordnet ist bzw. diese im Bereich der Leibung bis zum Fenster geführt wird, ist die Lage des Fensters innerhalb der Wandstärke frei wählbar (außenbündig, innenbündig, mittig). Der Blendrahmen ist sowohl von innen als auch von außen in nahezu voller Breite sichtbar. Der untere Abschluss eines Fensters wird üblicherweise ohne Anschlag ausgeführt, um funktionalen und geometrischen Anforderungen der Fügung zu entsprechen.

Vertikallasten des Fensterelementes werden in die tragenden Wandquerschnitte abgeleitet. Niederschlagswasser sammelt sich entlang der Fensterflächen und muss am Fußpunkt, z. B. durch Anordnung einer Fenster- oder Sohlbank, nach außen abgeleitet werden. Der Wandquerschnitt – bei mehrschaligen Konstruktionen vor allem die Dämmung – wird vor Durchfeuchtung geschützt. Bei hinterlüfteten Wandkonstruktionen muss der untere Abschluss zusätzlich eine ungehinderte Entlüftung ermöglichen. › Abb. 57, Seite 71

Von innen sind bei Fenstern mit Brüstung die Abdeckungen, bei Fenstertüren die Fußbodenaufbauten am unteren Rahmenprofil anzuschließen. Am Fußpunkt von Fenstertüren muss zudem die Bauwerksabdichtung richtlinienkonform (z. B. zu Flachdachrichtlinien) angeschlossen werden.

KONSTRUKTIONSGRUNDLAGEN

Öffnungen in den vertikalen Bestandteilen des Hüllsystems, der Fassade, werden meistens durch Fenster und Türen geschlossen. Diese vereinen Öffnungs- und Belichtungsfunktionen mit der Schutzfunktion der Wand. In verschiedene Wandaufbauten werden in der Herstellungs- und Profilkonfiguration standardisierte Fensterrahmen eingesetzt.

Lochfenster

Sind die Öffnungen oben durch einen <u>Sturz</u>, seitlich durch die <u>Leibung</u> und unten durch die <u>Brüstung</u> von Wandquerschnitten umgeben, werden sie Lochfenster genannt. Lochfenster können zu <u>Fensterbändern</u>

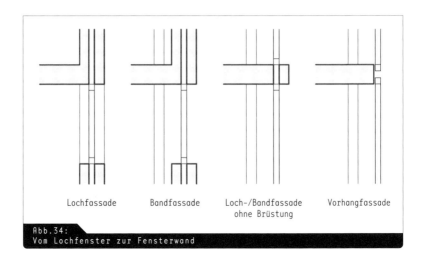

Lochfassade   Bandfassade   Loch-/Bandfassade   Vorhangfassade
ohne Brüstung

Abb.34:
Vom Lochfenster zur Fensterwand

(Bandfenstern) zusammengefasst werden. Dabei wird der seitliche Anschluss innerhalb des Fensterbandes von (Fenster-)Elementen (Blendrahmen) gebildet; der untere und obere Anschluss entspricht dem des Lochfensters.

Vorhangfassaden

In Vorhangfassaden (engl. *curtain wall*) sind auch oben und unten Elementstöße zu bewältigen. Dadurch entstehen größere, aus verschiedenen Fenstereinheiten bestehende Fassadenelemente. Blendrahmen bilden die Profile eines Fassadenrasters, in das Füllungen wie Sandwichelemente, Festverglasungen oder Öffnungsflügel eingesetzt werden. Vertikale Pfosten und horizontale Riegel strukturieren und unterteilen mehrgliedrige Fensterelemente. › Abb. 34 und 35

Öffnungsgröße

Die gewünschte Öffnungsgröße hat direkten Einfluss auf Konstruktion und Materialisierung der Fassade. Wandkonstruktion und Formate bedingen einander. In gemauerten Wänden sind hohe und schmale Öffnungen angebracht. Breite Öffnungen erfordern hohe Stürze und Verstärkungen im Leibungsbereich. Gegossene Stahlbetonwände sind tendenziell statisch überbestimmt (die Tragfähigkeit der Wand lässt sich zusätzlich durch nicht von außen sichtbare Bewehrungen erhöhen). Daher können die Öffnungen entsprechend vergrößert werden. Im Skelettbau lässt sich die Öffnung bis an die von statischen Erfordernissen in ihrer Dimension bestimmten Stützen und Träger (beim Schottenbau: Wände und Decken) heranführen. › Abb. 36

Sind größere Spannweiten zu bewältigen oder ist der Festverglasungsanteil hoch, können die breiten Fensterprofile durch schmalere Klemmleistenprofile ersetzt werden. Öffnungsflügel müssen dann mit einem eigenen

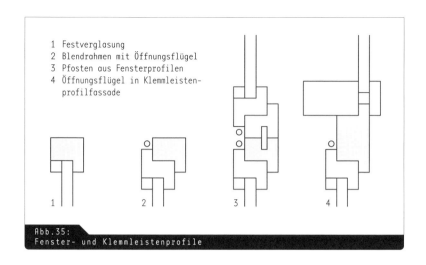

1 Festverglasung
2 Blendrahmen mit Öffnungsflügel
3 Pfosten aus Fensterprofilen
4 Öffnungsflügel in Klemmleisten-
profilfassade

Abb.35:
Fenster- und Klemmleistenprofile

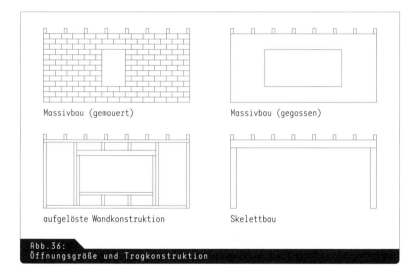

Massivbau (gemauert)

Massivbau (gegossen)

aufgelöste Wandkonstruktion

Skelettbau

Abb.36:
Öffnungsgröße und Tragkonstruktion

Blendrahmen eingesetzt werden. Alle namhaften Hersteller bieten sowohl Fenster- als auch Klemmleistenprofile in verschiedenen Materialien und in unterschiedlichen, teilweise standardisierten Abmessungen an. › Kap. Bestandteile Fenster, Rahmen

Wandanschluss   Der Wandanschluss des Fensters verlangt seitlich, oben und unten unterschiedliche Lösungen. Im Brüstungsbereich ist der Anschluss am

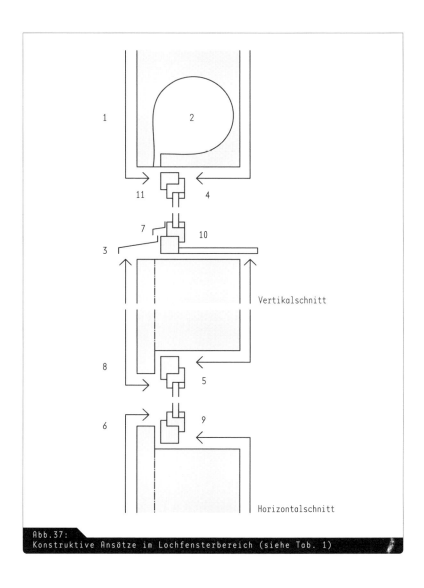

Vertikalschnitt

Horizontalschnitt

Abb.37:
Konstruktive Ansätze im Lochfensterbereich (siehe Tab. 1)

stärksten belastet; im Sturzbereich erschwert die Integration von Rollläden und Sonnenschutzsystemen geometrisch eindeutige Lösungen. › Abb. 37
und Tab. 1

Allgemeine konstruktive Prinzipien wie direkte Lastableitung,
durchlaufende Dämmung, ausreichende Toleranzen, Dichtung zwischen
unterschiedlichen Bauteilen, Schikane und Überlappung finden ihre
Entsprechung in spezifischen Strategien zur Konstruktion des Fenster-
anschlusses.

		seitlich	oben	unten
1	Lastableitung über der Öffnung, Sturz		x	
2	Integration von Manipulatoren	x	x	(x)
3	Tropfkante außen		x	x
4	Toleranz, Dichtung zwischen Rahmen und Wand	x	x	x
5	Befestigung (zwängungsfrei) des Fensters	x	(x)	
6	Führen der Außenbekleidung ans Fensterelement	x	(x)	(x)
7	Schlagregendichtung außen	x		x
8	Anschlag für das Fensterelement	(x)	(x)	
9	Führen der Innenbekleidung ans Fensterelement	(x)	(x)	
10	Materialwechsel in der Leibung (Fensterbank, Zarge)	(x)	(x)	x
11	Dämmung im Leibungsbereich	(x)	(x)	(x)

Planungsprinzipien bei Öffnungen (siehe Abb. 37)

x   immer
(x) möglich

ÖFFNUNGSARTEN

Fenster (d. h. Flügelrahmen › Kap. Rahmen) können auf verschiedene Arten geöffnet werden. › Abb. 38–40

> 📄
Dreh-, Kipp-, Drehkippflügel

Der Drehflügel lässt sich um eine vertikale Achse nach innen oder außen öffnen, der Drehkippflügel kann zudem über die horizontale untere Achse nach innen gekippt werden. Aus Gründen der Bedienbarkeit öffnen Dreh-, Kipp- und Drehkippflügel in der Regel nach innen. Eine Variante ist der Dreh-Falt-Flügel, der nach innen oder außen aufschlagen kann. › Abb. 41 Unter anderem ist festzulegen, ob das Fenster „rechts" oder „links" anschlägt.

> 📄
Klappflügel

Klappen sind Flügelrahmen, die nach außen öffnen. Die Drehachse liegt oben horizontal. Dadurch wird verhindert, dass es bei geöffneter Klappe in den Raum hineinregnet. › Abb. 42

Die Falze von Öffnungsflügel und Rahmen werden entsprechend der Öffnungsrichtung außenseitig abgetreppt. › Abb. 43 Die obere Fuge zwischen Blendrahmen und Öffnungsflügel ist anfällig gegen Schlagregen. Damit das Niederschlagswasser abfließen kann und nicht an der Fassade herunter läuft, wird in der Regel ein Wetterschenkel angebracht.

Schiebe-, Hebeschiebeflügel

Horizontale Schiebeflügel werden in waagerechter Richtung verschoben und öffnen sich aus Dichtigkeitsgründen in der Regel zur Innenseite des feststehenden Elementes. Hebeschiebeflügel werden vor dem Verschieben in vertikaler Richtung angehoben, was eine leichtere Handhabung ermöglicht.

Vertikale Schiebeflügel öffnen beim zweiteiligen Fenster oft nach oben, bei großformatigen Fenstern ohne Brüstung aber auch nach unten. › Abb. 43 Dabei können die Schiebeflügel in den Boden (z. B. das Kellergeschoss) versenkt werden, um einen ebenerdigen Austritt zu ermöglichen.

Hebeschiebekippflügel

Hebeschiebekippflügel können zusätzlich um die untere horizontale Achse nach innen gekippt werden, was die Komplexität und den Platzbedarf der Beschläge deutlich erhöht.

\\Hinweis:

Öffnungsarten sind in den Ansichten der Werkpläne im Maßstab 1:50 darzustellen: Drehbewegungen werden bei Außenansichten als durchgezogene Linien (nach außen öffnend) oder gestrichelte Linien (nach innen öffnend) und Schiebebewegungen als Pfeile in Öffnungsrichtung eingezeichnet. In Grundrissen wird bei der Bemaßung von Wandöffnungen zusätzlich zur Breite auch die Höhe der Öffnung eingetragen, wobei die Maßzahl für die Breite oberhalb der Maßlinie, die Maßzahl für die Höhe unterhalb der Maßlinie anzuordnen ist.

Weitere Informationen zu Plandarstellungen sind in *Basics Technisches Zeichnen* von Bert Bielefeld und Isabella Skiba, erschienen im Birkhäuser Verlag 2007, zu finden.

Die Höhe einer Fenster- oder Türöffnung (OKFFB-UK Sturz)
wird im Werkplangrundriss unterhalb der Maßlinie angegeben.

88^5

226

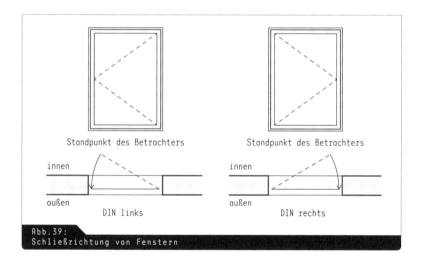

Standpunkt des Betrachters   Standpunkt des Betrachters

innen   innen

außen   außen

DIN links   DIN rechts

\\ Hinweis:
Schließrichtung von Fenstern nach DIN EN 12519:
„Links": Flügel zur Ansichtsseite öffnend mit
Bändern auf der linken Seite; Schließrichtung
gegen den Uhrzeigersinn,
„Rechts": Flügel zur Ansichtsseite öffnend mit
Bändern auf der rechten Seite; Schließrichtung
im Uhrzeigersinn.

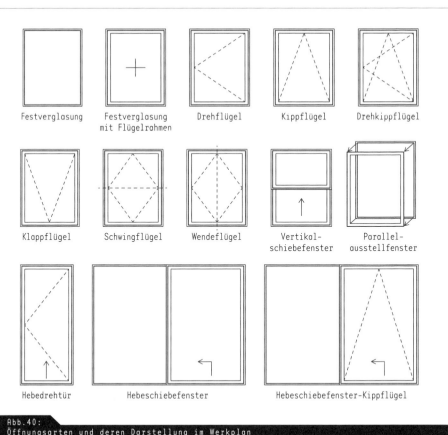

| Festverglasung | Festverglasung mit Flügelrahmen | Drehflügel | Kippflügel | Drehkippflügel |

| Klappflügel | Schwingflügel | Wendeflügel | Vertikal-schiebefenster | Parallel-ausstellfenster |

| Hebedrehtür | Hebeschiebefenster | Hebeschiebefenster-Kippflügel |

Abb.40:
Öffnungsarten und deren Darstellung im Werkplan

Abb.41:
Dreh-Faltfenster (Metall)

Abb.42:
Klappflügel (Aluminium)

48

Abb.43:
Vertikales Schiebefenster (Holz)

Schwingflügel Der Schwingflügel dreht sich horizontal um seine Mittelachse, d.h., die äußere Scheibenseite kann dem Innenraum zugewendet werden, was unter anderem das Reinigen der Scheiben vereinfacht. Die mittige Anordnung der Drehachse hat den Versatz der Profilierung und der dichtenden Anschläge zur Folge. Nur jeweils die Hälfte der Fensteröffnung ist als freier Querschnitt zugänglich. Dies wird beispielsweise relevant, wenn Fenster als Fluchtweg vorgesehen sind. In den 1950er und 1960er Jahren häufig eingesetzt, findet der Schwingflügel heute relativ selten Verwendung, was in erster Linie an Dichtigkeitsproblemen im Bereich des Drehpunktes liegt.

Wendeflügel Das gleiche Prinzip mit ähnlichen Problempunkten ist beim Wendeflügel zu finden. Dabei dreht der Öffnungsflügel in vertikaler Richtung um die Mittelachse.

Lamellenfenster Als Lamellenfenster wird eine Aneinanderreihung kleinformatiger Klapp-, Schwing- oder Wendeflügel bezeichnet. Besitzen Lamellen jeweils einen eigenen Rahmen, ist der Anteil von Rahmen zur Verglasungsfläche verhältnismäßig hoch. Die Abmessungen der einzelnen Lamellen liegen je nach Hersteller zwischen mindestens 200 × 100 mm bzw. maximal 2000 × 400 mm. Elementgrößen liegen bei mindestens 300 × 150 mm bis maximal 2000 × 3000 mm.

Ausstellfenster Ausstellfenster schieben sich durch einen Scherenmechanismus vor die Fassadenebene und ermöglichen dadurch ein sehr günstiges Lüftungsverhalten: Kalte Luft kann von unten einströmen, warme Luft nach oben entweichen. Da keine Profilseite fest mit dem Rahmen verbunden ist, muss der Ausstellmechanismus einen umlaufend gleichen Anpressdruck erzeugen.

49

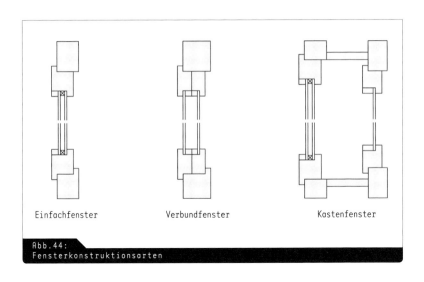

Einfachfenster   Verbundfenster   Kastenfenster

Abb.44:
Fensterkonstruktionsarten

BAUARTEN › Abb. 44

Einfache
Fenster

Einfache Fenster sind derzeit der Regelfall, da mit Hilfe von Isolierverglasungen ein guter Wärmeschutz erreicht werden kann. So liegt der so genannte U_w-Wert eines Fensters mit einer Isolierverglasung bei 3,0 W/m²K und mit einer Wärmeschutzverglasung inklusive Rahmen derzeit bei etwa 1,3 W/m²K.

› 🗋

Verbundfenster

Vor der Entwicklung der Isolierglasscheiben wurden Fenster mit Einfachgläsern hergestellt (U_w-Wert ca. 4,8 W/m²K). Zur Verbesserung von Wärme- und Schallschutz waren so genannte Verbundfenster weit verbreitet. Zwei einfach verglaste Flügelrahmen werden miteinander verbunden, d.h. auch miteinander geöffnet. Durch einen Scheibenabstand von 40 bis 70 mm wird gegenüber einfachen Fenstern mit Isolierverglasung ein verbesserter Dämmwert erzielt (U_w-Wert ca. 3,0 W/m²K).

Zur Reinigung lassen sich die Flügelrahmen aufklappen. Verbundfenster werden in erster Linie als Dreh-, Drehkipp- und Kippfenster ausgebildet.

🗋

\\ Hinweis:
Wärmedurchgangskoeffizient von Fenstern
Fensterkonstruktionen müssen bezüglich ihres Wärmedämmverhaltens als Gesamtsystem bewertet werden. Die Bewertung des Fensters wird im so genannten U_w-Wert zusammengefasst. Der U_w-Wert (früher k-Wert) kennzeichnet die energetische Qualität des gesamten Bauteils. Je kleiner der U_w-Wert, desto weniger Wärme geht über die Fensterfläche verloren. Der U_w-Wert setzt sich zusammen aus Einzeldämmwerten des Glases (U_g-Wert), des Rahmens (U_f-Wert) sowie aus den linearen Wärmedurchgangskoeffizienten des Glasrandes (psi-Wert) unter Berücksichtigung der jeweiligen Flächenanteile.

Abb.45:
Kastenfenster (Stahl)

Doppel- bzw.
Kastenfenster

In Altbauten finden sich oftmals noch Doppelfenster, die ebenfalls aus zwei hintereinander angeordneten einfachverglasten Rahmen bestehen. Diese besitzen einen größeren Abstand zueinander als die Rahmen der Verbundfenster und sind konstruktiv nicht miteinander gekoppelt. Heute ist der innere Flügel in der Regel mit Isolierglas versehen. Durch den Luftraum zwischen den Scheiben wird ein erhöhter Wärme- und Schallschutz erzielt. Sind die hintereinander angeordneten Fenster durch ein umlaufendes Futter, das in der Regel aus Holz ist, zu einer Einheit zusammengefasst, spricht man von einem Kastenfenster. Beide Bauarten werden in erster Linie als Drehfenster ausgebildet. › Abb. 45

Kastenfenster besitzen als typischer Fenstertyp des 19. Jahrhunderts oft Sprossenteilungen. Durch den hohen Rahmenanteil, die Ausbildung von Sprossen und die versetzte Anordnung der Rahmen wird die Tageslichtausbeute eingeschränkt. Das Kastenfenster ist ein Vorläufer der heutigen mehrschaligen Glasfassaden. Aufgrund des großen Herstellungsaufwandes werden Kastenfenster heute in erster Linie bei erhöhten Schallschutzanforderungen oder denkmalpflegerischen Sanierungsmaßnahmen eingesetzt.

Rahmenloses
Fenster

Nicht die Isolierglaseinheit, sondern der Rahmen stellt heute beim Fenster die Schwachstelle bezogen auf den Wärmedurchgang dar. Eine Möglichkeit, diesen zu optimieren, liegt in der Verringerung des Rahmenanteils. Rahmenlose Fenster zeichnen sich dadurch aus, dass auf einer Seite keine Rahmen- oder Glashalteelemente (Punkthalter, Klemmprofil) sichtbar sind. Die Verglasung wird mit Stufenglas ausgebildet: Die äußere Scheibe kragt über den Rand der inneren Scheibe aus und wird mit dem tragenden Rahmen verklebt. Die Verklebung ist als umlaufender schwarzer Rand hinter der äußeren Glasscheibe ablesbar.

Rahmenlose Fenster können in den meisten der genannten Öffnungsarten ausgebildet werden. Allerdings ist die Klebefuge erheblich anfälliger und wartungsintensiver als das Klemmprofil.

Abb.46:
Bestandteile eines Fensters

RAHMEN

Der Blendrahmen ist der mit dem Bauwerk fest verbundene Rahmen, an dem die Flügelrahmen beweglich angebracht oder in den Verglasungen fest eingebaut werden. > Abb. 46

(1) Blendrahmen

(1a) Blendrahmenholz, oberer Teil des Blendrahmens

(1b) unterer Teil des Blendrahmens (nicht in Abb. 46 vorhanden)

(1c) seitlicher Teil des Blendrahmens

(2) Pfosten (Setzholz), zur horizontalen Unterteilung des Blendrahmens (nicht in Abb. 46 vorhanden)

(3) Riegel (Kämpfer), zur vertikalen Unterteilung des Blendrahmens

Beim Einbau des Blendrahmens ist auf ausreichende Toleranz zur Wandöffnung zu achten, so dass Zwängungen vermieden und Bauwerks- sowie Bauteilbewegungen aufgenommen werden können. Die Verbindungen zum Bauwerk müssen geringfügig federnd oder verschiebbar sein.

> ♀ > Kap. Bauteilfügung, Dichtungen

Der Flügelrahmen ist der mit dem Blendrahmen beweglich verbundene, öffenbare Teil des Fensters. > Abb. 46

(4) Flügelrahmen

(4a) Flügelholz, oberer Teil des Flügelrahmens

(4b) Flügelholz, unterer Teil des Flügelrahmens (Wetterschenkel)

(4c) Flügelholz, senkrechter Teil des Flügelrahmens

(5) Sprosse, zur horizontalen Unterteilung des Flügelrahmens

(6) Verglasung

Zweiflügelige Fenster können durch einen Pfosten, das so genannte Setzholz, d.h. ein feststehendes, dem Blendrahmen zugehöriges Element unterteilt werden. Alternativ kann ein aufgehendes Mittelstück, der so genannte Stulp, als Teil des beweglichen Flügelrahmens ausgebildet werden, um den Stoß der Flügel und die Dichtung abzudecken. Man spricht dann

von einem Stulpfenster.

♀

\\Wichtig:
Zulässige Toleranzen begrenzen Abweichungen
von Nennmaßen, von der Größe, von der Gestalt
und von der Lage eines Bauteils oder Bauwerks.
Als „Toleranz" wird auch die absichtlich ge-
plante Abweichung von theoretischen Nennmaßen
bezeichnet. Dadurch können materialtypische
oder herstellungsbedingte Ungenauigkeiten ausgeglichen werden.

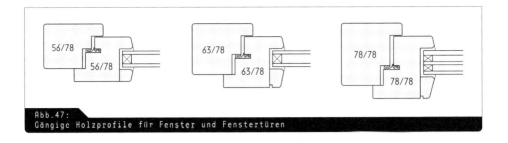

Abb.47:
Gängige Holzprofile für Fenster und Fenstertüren

MATERIALIEN – SYSTEMFENSTER

Holzfenster

Das gute Wärmedämmverhalten (Wärmeleitfähigkeit im Vergleich: Fichte: λ = 0,11 W/mK; Aluminiumlegierung: λ = 209 W/mK), die einfache Verarbeitung und die Nachhaltigkeit des Materials sprechen für Holzfenster. Aufwendige Herstellungsprozesse und eine komplizierte thermische Trennung der Profilquerschnitte entfallen.

Im Fensterbau werden überwiegend Nadelhölzer (Kiefer, Fichte, Lärche, Douglasie, Tanne), seltener Laubhölzer (Eiche, Robinie) eingesetzt. Die Verwendung tropischer Laubhölzer (Meranti, Mahagoni, Kambala) ist rückläufig. Die Oberfläche der Rahmen ist ständigen Witterungseinflüssen wie UV-Strahlung, Austrocknung, Regen usw. ausgesetzt. Die damit verbundene stetige Änderung der Holzfeuchte (25–50%) begünstigt einen schädigenden Befall durch Fäulnispilze, Schimmelarten oder Insekten. Eine für den Fensterbau geeignete Holzart muss daher ausreichend robust sein, niedrige Feuchteanpassung und natürliche Resistenz aufweisen. > Abb. 49

Durch Oberflächenbehandlung können Naturholzfenster zusätzlich geschützt werden. Die Grundierung ist ein vorbeugender Schutz gegen holzverfärbende Pilze, die Imprägnierung verhindert die durch Feuchtigkeit verursachte Fäulnis. Bei Farbanstrichen werden Lasuren und deckende Anstriche unterschieden. Dabei ist zu beachten: Je dunkler die Farbe, desto höher die Aufheizung. Gefaste oder gerundete Profilkanten sichern den dauerhaften Verbund des Anstrichs mit dem Holzprofil.

Entscheidend bei der Konstruktion von Holzfenstern ist der konstruktive Holzschutz. Stehendes Wasser ist zu vermeiden, und von Profilen und Flächen muss Niederschlagswasser schnell ablaufen können, d.h., es sollen keine horizontalen Flächen ausgebildet werden.

Profile

Profilquerschnitte aus Holz sind in standardisierten Größen und Abstufungen erhältlich (Norm-Profile). > Abb. 47 Die Kurzbezeichnungen geben die Profiltiefe und die Profillänge in mm an. Mit Fensterrahmen aus Massivholz (z.B. 3-Schicht-verleimte Holzrahmen) lassen sich U_f-Werte von 1,0 W/(m²K) erzielen.

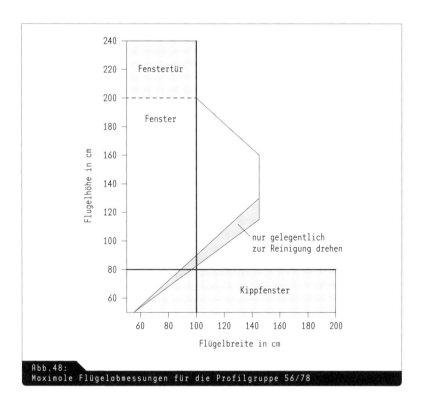

Abb. 48:
Maximale Flügelabmessungen für die Profilgruppe 56/78

Elementgrößen

Die Profilgröße beeinflusst in Abhängigkeit von der Öffnungsart die maximale Flügelabmessung. Der Flügel eines Kippfensters sollte z. B. bei einem Profilquerschnitt von 56/78 mm nicht höher als 80 cm sein, der Flügel einer Fenstertür (Drehtür) aufgrund des Eigengewichtes und der Belastung der Bänder nicht breiter als 1,0 m. › Abb. 48

Metallfenster

Metalle sind sehr gute Wärmeleiter. Stahl hat die 250-fache Wärmeleitfähigkeit von Holz, Aluminium hat die 4-fache Wärmeleitfähigkeit von Stahl. Deshalb müssen Metallprofile bei Fensterkonstruktionen thermisch getrennt werden.

Sowohl für Aluminium- als auch für Stahlfenster wird eine umfangreiche Produktpalette angeboten. Die Dimensionen der jeweiligen Profile differieren stark. Im Gegensatz zu Holzfenstern sind keine einheitlichen Norm-Profile festgelegt.

Aluminium-
fenster

Die thermisch getrennten Profile der Aluminiumfenster sind aus stranggepressten Halbzeugen zusammengesetzt. Dabei sind das innere und das äußere Profil durch Kunststoffstege oder Hartschaum voneinander

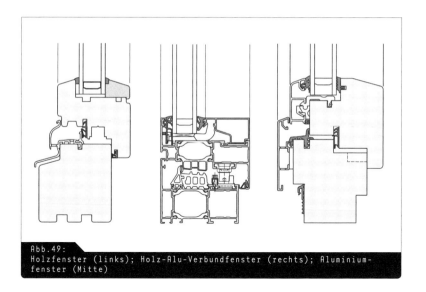

getrennt angeordnet. Aluminiumfenster sind trotz höherer Investitions-
kosten (durch einen hohen Primärenergieaufwand bei der Rohstoffverar-
beitung) gegenüber Fenstern gleicher Größe aus Holz oder Kunststoff wirt-
schaftlich. Aluminium hat eine hohe Lebensdauer und gilt als besonders
anspruchslos in Unterhalt und Pflege. Es weist geringe Profiltoleranzen
auf, d.h., die Rahmen haben eine hohe Maßgenauigkeit, und ist, bei gerin-
gem Gewicht, gut verarbeitbar. › Abb. 49

Bauwerksanschlüsse von Aluminiumfenstern müssen im Vergleich
zu Holz- oder Stahlfenstern größere temperaturbedingte Längenänderun-
gen aufnehmen können. (Aluminium hat bei einer Temperaturdifferenz von
60 K eine Längenausdehnung von 1,5 mm/m Länge.) Ausreichend bemes-
sene Bewegungsfugen zwischen Blendrahmen und Bauwerk sowie innerhalb größerer Fenster- und Fassadenelemente sind einzuplanen.

In der Regel wird die Oberfläche vergütet, da unbehandeltes Aluminium unregelmäßig oxidiert und Flecken bildet. Man unterscheidet mechanische Oberflächenbehandlungen wie Schleifen, Bürsten oder Polieren
und elektrochemische Verfahren wie Eloxieren, bei dem eine gleichmäßige
Oxidschicht entsteht. Aluminiumprofile können außerdem mit einer Ein-
brennlackierung oder einer Pulverbeschichtung versehen werden. Bei der
Pulverbeschichtung wird das Beschichtungsmaterial mit Pulversprüh-
pistolen aufgetragen und in einem Ofen bei Temperaturen von ca. 180° C
Objekttemperatur eingebrannt.

Verbundfenster
(Holz-
Aluminium)

Bei Verbundfenstern aus Holz und Aluminium werden die positi-
ven Eigenschaften der beiden Werkstoffe sinnvoll kombiniert. Der Holz-

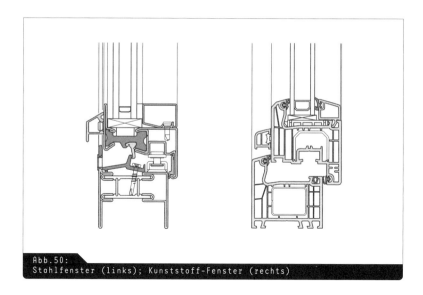

rahmen mit seiner geringen Wärmeleitfähigkeit wird raumseitig als tragende Konstruktion angeordnet, die witterungsbeständige Aluminiumbekleidung dagegen als Verblendung und Wetterschutz außenseitig angebracht.

Die Unterschiede in der Wärmeausdehnung von Holz und Aluminium müssen durch verschiebliche Verbindungen ausgeglichen werden. Im Bereich der Kontaktzonen darf kein Feuchtigkeitsstau entstehen.

Bei Holz-Aluminium-Fenstern sind verschiedene Konstruktionsarten möglich. Die äußere Aluminiumbekleidung kann nachträglich auf ein genormtes Holzfenster aufgesetzt werden. Bei anderen Systemen bilden die Aluminiumprofile die äußere Glasfalzebene und integrieren die Anschlagdichtungen. Diese Systeme erreichen U_f-Werte von 1,3–1,5 W/m²K. Mehrschichtige Holzrahmen und eine effizient dämmende Mittelschicht (z. B. aus Polyurethanschaum) ermöglichen U_f-Werte von 0,5–0,8 W/m²K.

Stahlfensterrahmen lassen sich einfach aus warmgewalzten T- oder L-Stahlprofilen oder Sonderprofilen herstellen. Inzwischen finden jedoch meist Hohlprofile Verwendung, die im Kaltwalzverfahren aus hochwertigem Bandstahl erzeugt werden. Stahlfenster besitzen eine hohe Biege- und Torsionssteifigkeit und sind stabiler als Aluminiumfenster. Die Rahmen werden aus thermisch getrennten Profilen zusammengesetzt. › Abb. 50

Der größte Nachteil von Stahlfenstern ist die Korrosionsgefahr, die Schutzanstriche oder eine Verzinkung erfordert bzw. durch den Einsatz von Edelstahlprofilen vermieden werden kann. Stahlfenster können einbrennlackiert oder pulverbeschichtet werden.

Stahlfenster

Kunststofffenster (PVC, GFK)

Extrudierte Hohlprofile aus Hart-PVC (Polyvinylchlorid) werden als Ein- oder Mehrkammersysteme hergestellt. Mehrkammersysteme besitzen eine verbesserte Wärmedämmung. Zur Herstellung der Rahmen werden vorkonfektionierte Strangpressprofile auf Gehrung geschnitten und in der Regel verschweißt. Das PVC-Profil hat eine niedrige Wärmeleitfähigkeit, besitzt jedoch eine relativ geringe Festigkeit. Im Kammerprofil sind daher Metallprofile zur Stabilisierung angeordnet. Eine thermische Trennung ist aufgrund der mittigen Anordnung der Metallteile im Gesamtquerschnitt nicht erforderlich. › Abb. 50

Kondensatablauf sowie der erforderliche Dampfdiffusionsausgleich zur Außenseite sind über Auslassöffnungen in der vorderen Kammer möglich. Der größte Teil der PVC-Kunststofffenster wird im Farbton Weiß hergestellt. Zusätzlich können Kunststoffprofile eingefärbt oder beschichtet, nicht aber gestrichen werden.

Besonders bei dunklen Farben führt aufgrund des hohen Wärmeausdehnungskoeffizienten von Hart-PVC die Erwärmung durch Sonneneinstrahlung zu erhöhter Längenausdehnung. Zusätzlich kann die Lichteinwirkung eine Veränderung des Farbtones verursachen.

Um Wärmeverluste über den Fensterrahmen zu verringern, d. h. den U_w-Wert des Fensters zu verbessern, werden vermehrt GFK-Profile (Glasfaserverstärkte Kunststoffe) als Rahmenprofile eingesetzt. GFK hat eine geringe Wärmeleitfähigkeit und zeichnet sich durch eine hohe Festigkeit und Steifigkeit aus, so dass keine zusätzliche Verstärkung erforderlich ist. GFK-Profile können mit Aluminiumprofilen kombiniert werden.

VERGLASUNGSSYSTEME

Das Verglasungssystem ist die Kombination aus Verglasung, der Glasfalzausbildung und der Eindichtung in den Rahmen. Bei der Planung einer Fensterkonstruktion müssen neben Material und Bauart des Rahmens daher vor allem die Eigenschaften des Verglasungssystems berücksichtigt werden. Dies betrifft unter anderem das thermische Verhalten der Gläser und die produktionsbedingten Scheibengrößen, gegebenenfalls Sonderfunktionen der Verglasung (Wärme-, Schall- und Brandschutz), die Glaslagerung und die Ausführung der Dichtungen. › Abb. 51

Neben dem Wärmedurchgangskoeffizienten des Fensters (U_w-Wert), der in W/m^2K angegeben wird, ist zur energetischen Bewertung des Fensters der mögliche Energiegewinn durch die Verglasung von Bedeutung. Dieser wird vom Energiedurchlassgrad (g-Wert) bestimmt. Der g-Wert setzt sich zusammen aus direkter Sonnenenergietransmission und sekundärer Wärmeabgabe nach innen (Abstrahlung von langwelliger Strahlung und Konvektion). Der g-Wert wird für die jeweilige Verglasung in Werten zwischen 0 und 1 oder zwischen 0% und 100% angegeben. Je höher der Wert, desto mehr Energie kommt in den Raum.

Glasscheiben als flächenbildende Elemente werden in einer Vielzahl von Qualitäten mit spezifischen Eigenschaften hergestellt.

Einschichtige Gläser

Floatglas

Ende der 1950er Jahre präsentierte der Glashersteller Pilkington mit dem Floatverfahren einen neuen Produktionsprozess für Flachglas. Das aus einem Schmelzofen kommende flüssige Glas fließt mit einer Temperatur von 1100° C auf ein Zinnbad. Auf dem flüssigen Zinn breitet sich die leichtere Glasschmelze zu einem Band mit zwei parallelen Grenzflächen aus. Die Länge von Floatglasscheiben liegt produktionsbedingt zwischen maximal 6 und 7 m, die Dicke der Gläser zwischen 1,5 und 19 mm.

Die Breite orientiert sich unter anderem an den maximal möglichen Transportabmessungen. Werden die Scheiben auf einem Tieflader transportiert, sind die Durchfahrtshöhe unter Brücken von maximal 4 m, die Höhe von Ampelanlagen und die Wenderadien der Fahrzeuge das begrenzende Maß. Abzüglich der Höhe des Fahrzeuges ergeben sich daraus Glasbreiten von etwas mehr als 3 m.

Herstellerabhängig werden Floatglastafeln mit einer Breite von etwa 3,20 m und einer Länge von maximal 7 m hergestellt. Floatglas kann während der Produktion eingefärbt werden. Die Grünfärbung, die Floatglas natürlicherweise besitzt, wird z.B. durch besondere Auswahl der Rohstoffe reduziert, so dass „Weißglas" bzw. „extraweißes" Glas entsteht. Durch entsprechende Oberflächenbehandlung wie Schleifen, Ätzen oder

♀

\\Wichtig:
Physikalische Eigenschaften von Floatglas,
ESG und TVG:
Spezifisches Gewicht: 2500 kg/m³
Elastizitätsmodul: 70 000–75 000 N/mm²

Thermische Eigenschaften:
Wärmeleitfähigkeit: 0,8–1,0 W/(mK)
U_w-Wert: <5,8 W/(m²K)
Transformationstemperatur: 520–550 °C

Akustische und optische Eigenschaften
(für Dicken von 3–19 mm):
Bewertetes Schalldämm-Maß: 22–38 dB
Lichttransmissionsgrad (Lt):   0,72–0,88
Strahlungstransmissionsgrad: 0,48–0,83

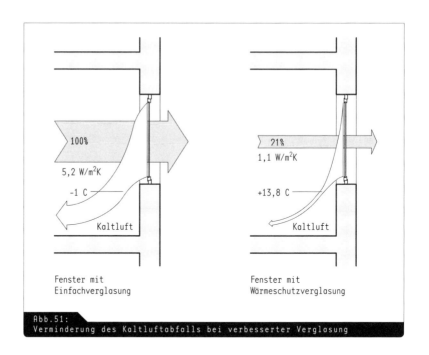

100%
5,2 W/m²K
-1 C
Kaltluft

21%
1,1 W/m²K
+13,8 C
Kaltluft

Fenster mit
Einfachverglasung

Fenster mit
Wärmeschutzverglasung

Abb.51:
Verminderung des Kaltluftabfalls bei verbesserter Verglasung

Tab.2:
Beispiele für U_w-Werte von Fenstern (2004)

	U_w-Wert W/m²K
Fenster mit Einfach-Verglasung	4,8
Fenster mit: Isolierglas 2-fach (Angabe in mm) (4 / 12 Luft / 4)	3,0
Isolierglas 2-fach (4 / 12 Gas / 4)	2,7
Isolierglas 3-fach (4 / 10 Luft / 4 / 10 Luft / 4)	2,2
Isolierglas 3-fach (4 / 8 Gas / 4 / 8 Gas / 4)	1,7
Isolierglas 2-fach edelmetallbeschichtet (4 / 20 Gas / 4)	1,3
Isolierglas 3-fach edelmetallbeschichtet (4 / 10 Gas / 4 / 10 Gas / 4)	0,9
Doppelfenster/Kastenfenster	2,3
Spezial-Wärmeschutzverglasung	0,4
Einbruchhemmende Verglasung	1,6

Sandstrahlen wird das ursprünglich transparente Floatglas transluzent. Floatglas zerbricht in große, scharfe Stücke. Es lässt sich zu einer Vielzahl von Produkten weiterverarbeiten. › Abb. 52

Gussglas Bei der Herstellung von Gussglas wird die flüssige Glasschmelze zwischen zwei Walzen oder mehrere Walzenpaare geleitet. So können auf dem Glas eine glatte und eine strukturierte oder zwei strukturierte Flächen erzeugt werden. Durch die Oberflächenstruktur sind die Gläser transluzent, das Licht wird gestreut. Das Bruchbild gleicht dem von Floatglas. Profilgläser (z. B. U-Glas) werden im Gussglasverfahren hergestellt.

Drahtglas Bei der Herstellung von Drahtglas wird in die heiße Glasmasse ein an den Kreuzungspunkten verschweißtes Drahtgeflecht, in der Regel aus Edelstahl, mittels einer Eindruckswalze eingelagert. Dieses Drahtgitter hält im Falle eines Bruches die Scheibenteile zusammen und verhindert Verletzungen. Drahtglas darf in der Regel (z. B. nach den deutschen „Technischen Regeln für die Verwendung von linienförmig gelagerten Verglasungen"; die jeweiligen Länderbauordnungen sind zu beachten) auch bei Überkopfverglasungen eingesetzt werden. In den Randbereichen kann eindringendes Wasser je nach Drahteinlage Korrosion oder Eis hervorrufen und zu Absprengungen im Glas führen. Die Glasränder sollten daher versiegelt oder durch Rahmen geschützt werden.

Thermisch behandelte Gläser

Einscheiben-sicherheitsglas (ESG) Erhitzen auf die so genannte Transformationstemperatur und sofortiges Abkühlen der Scheibe (z. B. durch Anblasen mit kalter Luft) lassen in der Oberfläche zusätzliche Druckspannungen entstehen, die das Glas vorspannen.

Die Veränderung des Glasgefüges erhöht die Biegebruchfestigkeit und die Temperaturwechselbeständigkeit der Scheiben. Im Falle der Zerstörung entsteht ein engmaschiges Netz von kleinen, meist stumpfkantigen Glaskrümeln. Die Verletzungsgefahr wird erheblich gemindert. ESG lässt sich nach der thermischen Behandlung nicht mehr mechanisch bearbeiten.

› ♀

Teilvorgespann-
tes Glas (TVG)

Teilvorgespannte Gläser besitzen eine Oberflächenspannung, die gerade so groß ist, dass im Schadensfall nur Brüche von Kante zu Kante entstehen. TVG ist kein Sicherheitsglas. Bei der Herstellung von TVG wird die Scheibe analog zum ESG aufgeheizt, jedoch langsamer mit Luft abgeblasen. Dadurch ist die auf der Oberfläche sich aufbauende Druckspannung geringer als beim ESG. TVG neigt dadurch im Vergleich zu ESG weniger zu Spontanbrüchen. Gegenüber Floatglas hat TVG eine deutlich höhere Biegebruchfestigkeit und eine wesentlich höhere Temperaturwechselbeständigkeit.

Mehrschichtige Gläser

Verbundglas
(VG)

Verbundglas besteht aus mindestens zwei Scheiben und einer Zwischenschicht aus einer Folie oder Gießharz. Es erfüllt jedoch keine Sicherheitsanforderungen.

Verbundsicher-
heitsglas (VSG)

Verbundsicherheitsglas dagegen ist ein Sicherheitsglas. Zur Herstellung werden immer mindestens zwei Scheiben benötigt. Man spricht daher beispielsweise von VSG aus Float + ESG oder VSG aus 2 x TVG usw. Die Scheiben sind mit einer Zwischenschicht fest verbunden, die aus Gießharzen oder PVB-Folien (Polyvinyl-Butyral) besteht. Die verwendeten Folien sind elastisch und hochreißfest und können farbig oder satiniert sein. Sie werden zwischen den Scheiben eingelegt und unter Einwirkung von Wärme und Druck mit dem Glas verschweißt. Die Haftung einer PVB-Folie kann bei Dauerfeuchtigkeit beeinträchtigt werden. Daher müssen diese Gläser, beispielsweise als Teil einer Isolierverglasung, immer in einem entlüfteten Falzraum gelagert sein, der Dampfdruckausgleich ermöglicht. Bei Bruch

♀

\\Wichtig:
Einscheibensicherheitsglas (ESG) kann nach der
thermischen Behandlung nicht mechanisch bear-
beitet werden. Bohrungen und Zuschnitt müssen
also vor dem Vorspannen festgelegt und ausgeführt werden.

werden die Glassplitter der anliegenden Scheiben von der Zwischenschicht gehalten, so dass auch im beschädigten Zustand das Glas Sicherheitsanforderungen erfüllt.

Mehrschalige Gläser

Isolierglas

Isolierglaseinheiten bestehen aus mindestens zwei Glasscheiben, die durch den Randverbund auf Abstand gehalten werden. Im Scheibenzwischenraum (SZR) befindet sich zur Verbesserung des Wärme- oder Schallschutzes getrocknete Luft oder Edelgas. Der Randverbund ist für die Dichtigkeit maßgeblich und wird in der Regel mit Hilfe eines Abstandhalters, einem Primärdichtstoff (z.B. Butyl) und einem Sekundärdichtstoff (Polysulfid) hergestellt. Der mit Butylstreifen versehene Abstandhalter wird auf die gereinigte Scheibe geklebt, dann die zweite Scheibe aufgelegt und mit einer Polysulfiddichtung versiegelt.

Der Abstandhalter ist zum Scheibenzwischenraum gelocht und mit einem Trockenmittel gefüllt. Ein typischer Aufbau einer Isolierglaseinheit ist z.B. 6 mm Floatglas innen, 12 mm SZR und 6 mm Floatglas außen.
> Abb. 53 und Tab. 3

Funktionsgläser

Wärmeschutzglas

Beim Wärmeschutzglas wird die Wärmedämmfähigkeit der Isolierglaseinheit durch eine Edelgasfüllung des Scheibenzwischenraumes und/oder die Anordnung von drei statt üblicherweise zwei Scheiben erhöht (U_g-Wert 0,5 W/m^{2}K). Der Scheibenzwischenraum ist je nach Gasfüllung auf 10 bis 16 mm vergrößert.

Edelgase werden bei Isolierglaseinheiten zur Verfüllung des Scheibenzwischenraumes eingesetzt, da sie schlechte Wärmeleiter sind (mit Krypton wird bei 2 × 12 mm SZR der beste U_g-Wert (0,5 W/m^{2}K) erreicht). Zudem können Isolierglasscheiben eine reflektierende, farbneutrale Beschichtung aus Edelmetallen erhalten, die die Wärmeleitfähigkeit

---

\\Hinweis:

Herstellungsspezifische Größen von Isolierglaseinheiten
Je nach Hersteller liegen die maximalen Größen zwischen 420 × 260 cm und 720 × 320 cm bei einem Gesamtgewicht bis zu 2,5 t. Die Abmessung einer Isolierglaseinheit orientiert sich auch an der maximal herstellbaren Fläche. ESG mit einer Stärke zwischen 6 und 10 mm ermöglicht

Flächen bis maximal 10,9 m^2. Minimalabmessungen von Isolierglaseinheiten liegen für Floatglaskombinationen bei 24 × 24 cm, für ESG-Kombinationen bei 20 × 30 cm. Je nach gewünschter Eigenschaft (Wärmeschutz, Sonnenschutz, Schallschutz) sind Beschichtungsverfahren erforderlich, die zu Dimensionsänderungen führen können.

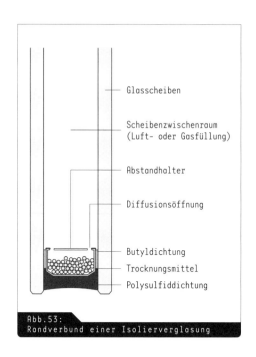

Abb.53:
Randverbund einer Isolierverglasung

- Glasscheiben
- Scheibenzwischenraum (Luft- oder Gasfüllung)
- Abstandhalter
- Diffusionsöffnung
- Butyldichtung
- Trocknungsmittel
- Polysulfiddichtung

Tab.3:
Bauphysikalische Kennwerte von Verglasungsarten (Stand März 2006)

	U_g-Wert W/m^{2}K	g-Wert%	Lt-wert%
Einscheibenverglasung (Pilkington Optifloat klar)	5,8	85	90
Zweischeibenisolierglas mit Luftzwischenraum 10–16 mm	3,0	77	80
Zweischeibenisolierglas 4/16/4 Argon, beschichtet (Pilkington Optitherm S3)	1,1	60	80
Sonnenschutzglas 6/16/6 mit Bedampfung (Flachglas Infrastop Brilliant)	1,1	33	49
Dreischeibenisolierglas 4/12/4/12/4 Krypton, beschichtet (Pilkington Optitherm S3)	0,7	50	72
Glasbausteine	3,2	60	75
Profilbauglas einschalig (Flanschbreite) 60 mm (Pilkington Profilit)	5,7	79	86

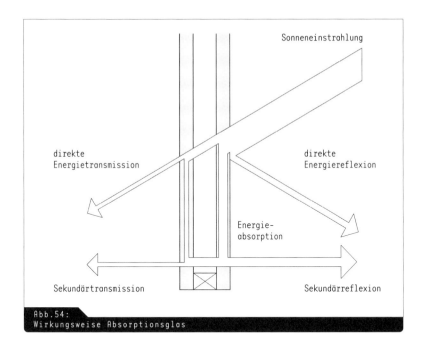

reduzieren. Diese wird auf der Außenseite der inneren Glasscheibe angebracht.

Sonnenschutz-glas

Sonnenschutzgläser sollen das Aufheizen der Räume hinter verglasten Flächen verhindern, so dass gegebenenfalls auf zusätzliche Verschattungsmaßnahmen verzichtet werden kann. Diese Gläser weisen eine hohe Durchlässigkeit für den sichtbaren Bereich des Lichtspektrums auf und erreichen gleichzeitig eine geringe Transmission der wärmewirksamen Sonnenstrahlung.

Zwei Wirkungsweisen werden unterschieden, die auch miteinander kombiniert werden können:

_ Absorptionsgläser sind durch Zusatz von Metalloxiden eingefärbt. Die Färbung bewirkt, dass Teile der einfallenden Strahlungsenergie aufgenommen, d.h. absorbiert und in Wärmeenergie umgewandelt werden. Diese wird größtenteils nach außen und zu geringen Teilen nach innen verzögert abgegeben. › Abb. 54

_ Die Wirkungsweise von Reflexionsglas beruht auf einer Metalloxidbeschichtung, die die einfallende Strahlungsenergie (UV- und Infrarotstrahlung) zu großen Teilen reflektiert, sichtbares Licht jedoch weitgehend durchlässt. Diese meist selektive Beschichtung befindet sich auf der Innenseite der äußeren Scheibe. › Abb. 55

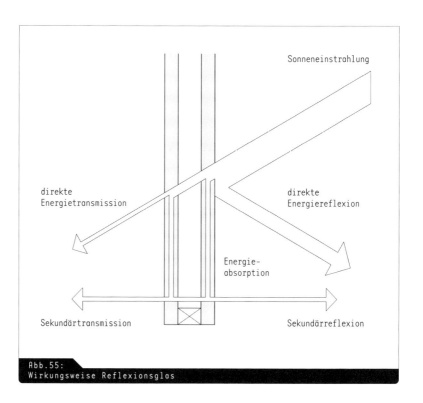

Sonneneinstrahlung

direkte
Energietransmission

direkte
Energiereflexion

Energie-
absorption

Sekundärtransmission

Sekundärreflexion

Abb.55:
Wirkungsweise Reflexionsglas

Neuere Entwicklungen beschäftigen sich mit der Schalt- und Regel-barkeit von Verglasungen. Unterschieden werden diese Gläser nach ihrem Aufbau, der Art der schaltbaren Schichten und deren Aktivierung (elektro-chrome, gasochrome, photochrome und thermotrope Systeme). Mit Hilfe von elektrischer Spannung, Gas, Wärme- oder Sonneneinstrahlung lässt sich in Teilschichten der Verglasung gezielt der Transmissionsgrad verän-dern. Je nach Witterung, Tages- oder Jahreszeit kann auf diese Weise die einfallende solare Strahlungsenergie und die einfallende Lichtmenge redu-ziert bzw. gesteuert werden.

Über die Schalldämmung einer Verglasung gibt das bewertete Schall-dämm-Maß (Rw) Auskunft. Der Schalldämmwert einer Isolierglaseinheit kann verbessert werden durch:

_ erhöhtes Scheibengewicht
_ unterschiedliche Scheibendicke (asymmetrischer Aufbau)
_ Einsatz von Verbundscheiben
_ größeren Scheibenabstand mit Edelgasfüllung.

66

Bei Brandschutzverglasungen werden die verwendeten Gläser immer im Zusammenhang mit den Rahmen und deren Befestigung am Rohbau betrachtet. Unterschieden werden G- und F-Verglasungen.

G-Verglasungen verhindern den Flammen- und Brandgasdurchtritt für die angegebene Zeit, die Brandhitze kann sich jedoch ausbreiten. G-Verglasungen können als spezielle Einscheiben- (ESG) oder als Verbundsicherheitsgläser (VSG) z. B. aus vorgespanntem Kalknatronglas hergestellt werden.

F-Verglasungen verhindern im Brandfall für die angegebene Zeit den Flammen- und Brandgasdurchtritt, aber auch die Ausbreitung der Wärmestrahlung. Dies ist z. B. immer dort erforderlich, wo hinter dem Brandschutzabschnitt ein Fluchtweg oder Fluchttreppenhaus liegt.

ρ

\\ Beispiel:

Das bewertete Schalldämm-Maß kennzeichnet die schalldämmenden Eigenschaften eines Bauteils bzw. den Schallschutz zwischen Räumen mit nur einem einzigen Zahlenwert. Dieser Wert eines Bauteils ist von der Frequenz abhängig. Es werden zwei Luftschalldämm-Maße unterschieden:

R'w: bewertetes Schalldämm-Maß in dB mit Schallübertrag über flankierende Bauteile
Rw: bewertetes Schalldämm-Maß in dB ohne Schallübertrag über flankierende Bauteile
Kennzeichnende Größe für die Anforderungen an die Luftschalldämmung:
_ Wände, Decken   R'w
_ Türen, Fenster   Rw

$\mathbb{Q}$

\\ Wichtig:

Schallschutztechnische Kennwerte Fenster
In Deutschland wird die Schalldämmung von Fenstern in Schallschutzklassen unterteilt.

Schallschutzklasse	Fenster	bewertetes Schalldämm-Maß
Schallschutzklasse 1/2	Einfachfenster mit Isolierglas (4 / 12 Luft / 4)	25–34 dB
Schallschutzklasse 3	Einfachfenster mit Isolierglas (8 / 12 Luft / 4)	35–39 dB
Schallschutzklasse 4	Einfachfenster mit Isolierglas und Gießharzfüllung (9 / 16 Harz / 6)	40–44 dB
Schallschutzklasse 5	Einfachfenster mit Isolierglas und Gießharzfüllung (13 / 16 Harz / 6)	45–49 dB
	Verbundfenster, Isolierglas (9 / 16 Luft / 4), Einfachglas (6 mm)	45–49 dB
Schallschutzklasse 6	Kastenfenster: Isolierglas (6 / 16 Luft / 4), Einfachglas (6 mm)	> 50 dB

SN 181   Schallschutz im Hochbau
ÖNORM B 5300   Schall- und Wärmedämmung und
ÖNORM B 8115-2 Schallschutz und Raumakustik im Hochbau – Teil 2: Anforderungen an den Schallschutz

⌕

\\Beispiel:
DIN 4102 Brandverhalten von Baustoffen und Bauteilen — Brandschutzverglasungen

Bauteile	Feuerwiderstandsdauer (Minuten)
Wände, Decken, Unterzüge, Stützen,	F30-F180
Treppenfenster/Verglasungssysteme	F30, F60, F90, F120
	G30, G60, G90, G120
Feuerschutzabschlüsse (Türen, Tore, Klappen)	T30-T180

Schweizer Brandvorschriften, herausgegeben von der Vereinigung kantonaler Feuerver-
            sicherungen (VKF)
ÖNORM EN 13501 Klassifizierung von Bauprodukten und Bauarten zu ihrem
            Brandverhalten

Bei F-Verglasungen wird eine Gel-Zwischenfüllung im Scheibenzwischenraum eingesetzt. Im Brandfall schäumt das Gel zu einer zähen, festen Masse.

Mit Festverglasungen lassen sich Feuerwiderstandsklassen bis F90 erreichen. Eine F-Glaseinheit benötigt in der Regel eine allgemeine bauaufsichtliche Zulassung, in der auch Anzahl, Art und Position der Befestigungspunkte zum Rohbau vorgeschrieben werden.

Einbruchschutzglas

Einbruchhemmende Verglasungen werden in Widerstandsklassen (0 bis 6) sowie in Sondergläser für Bank- und Postschalter kategorisiert. Sie können mit Alarmanlagen kombiniert werden. Sicherheitsgläser sind durchbruch- oder sogar durchschusshemmend. Die Durchbruchhemmung wird mit einer mechanisch geführten Axt geprüft. Aus der Anzahl der Schläge, die zur Herstellung einer quadratischen Öffnung mit 400 mm Kantenlänge benötigt werden, ergibt sich die Zuweisung in eine Widerstandsklasse.

BEFESTIGUNGSSYSTEME

Glashalterung

Glashalteleisten dienen der Befestigung von Glasscheiben im Rahmen. Sie sind als Einbruchschutz an der Innenseite eines Fensters anzuordnen und müssen abnehmbar sein, damit die Scheibe bei Glasbruch ausgewechselt werden kann. Glashalteleisten sichern Glaseinheit und Dichtung, nehmen Horizontallasten auf (z.B. Windlasten) und leiten diese an die tragenden Rahmenquerschnitte weiter.

Die Glashalteleiste muss einen gleichmäßigen Anpressdruck auf die Glasscheibe erzeugen, um Glasbruch zu vermeiden. Systemabhängig können Halteleisten mit dem Rahmen verschraubt oder geclipst werden.

Sprossen

Festverglasungen oder Öffnungsflügel können Sprossenteilungen besitzen. Ihr Ursprung liegt in der Entwicklungsgeschichte des Glases. Da man früher nur kleinformatige Scheiben produzieren konnte, wurden diese mit konstruktiven Sprossen zu großflächigen Verglasungen zusammengesetzt.

Aufgrund der Herstellung von Glas im Floatverfahren ist die Verwendung von Sprossen nicht erforderlich. Denkmalpflegerische Aspekte, baurechtliche Bestimmungen oder Besonderheiten des Ortes können jedoch die Ausführung von Sprossenverglasungen vorschreiben.

Glaslagerung –
Verklotzung
Zur Abtragung des Glasgewichtes auf den Rahmen müssen die Scheiben verklotzt werden. Dabei wird zwischen Tragklötzen, die die Scheibe im Rahmen tragen, und Distanzklötzen, die den Abstand zwischen Glaskante und Rahmen sichern, unterschieden. Die Lastabtragung der Glasscheiben erfolgt bei Festverglasungen über den Blendrahmen und dessen Verankerung im Rohbau. Bei Öffnungsflügeln werden die Lasten über den Flügelrahmen und dessen Aufhängungspunkte (Bänder, Rollen etc.) abgeleitet. Für die Gebrauchstauglichkeit muss dauerhaft gewährleistet sein, dass sich Rahmen und Flügel nicht verwinkeln, verkanten oder verwinden. Die Scheibe darf den Rahmen an keiner Stelle berühren, und der Abstand zwischen Falzgrund und Scheibenzwischenraum muss gleichmäßig verteilt bleiben.

Zwischen Falzraum und Außenluft ist für Dampfdruckausgleich zu sorgen und das Abführen von Tauwasser zu ermöglichen. Öffnungen zum Dampfdruckausgleich müssen in Abhängigkeit vom Fensterprofil (z.B. Kunststofffenster) in Vorkammern geführt werden und dürfen direktem Winddruck nicht ausgesetzt sein. Zum Schutz der Auslassöffnungen können daher Abdeckkappen erforderlich sein. Ein Dampfdruckausgleich zum Innenraum sollte vermieden werden, da dieser zur Ansammlung von Schwitzwasser im Falzraum führt.

BESCHLÄGE

Beschläge sind alle mechanischen Einbauteile des Fensters, die die Öffnungs- und Schließfunktion steuern und Zusammenbau, Befestigung und Bedienung sicherstellen. › Abb. 56 Fenster- und Fenstertürbeschläge verbinden Öffnungsflügel und Blendrahmen. Der Öffnungsmechanismus muss vor Einbruch schützen, dient als Kindersicherung und muss gleichzeitig die Dichtheit gegen Wind und Regen gewährleisten.

Beschlagsysteme werden aus Baugruppen zusammengestellt. Sie können verdeckt, also nicht sichtbar, halbverdeckt oder offenliegend, wie beispielsweise Zierbeschläge, angeordnet sein. Die bewegliche Verbindung der Fensterflügel mit dem Blendrahmen wird z.B. bei Dreh- und Kippfenstern durch die Bänder, überwiegend Einbohrbänder, und durch zusätzliche Beschlagteile hergestellt:

_ Getriebe: ist Teil des Beschlages und wird durch die Betätigung des Fenstergriffes bewegt. Das Verschieben der Verriegelungspunkte ermöglicht das Öffnen und Schließen des Flügels.
_ Ecklager: (Drehpunkt des Fensters) trägt das Gewicht des Flügels

_ Schere: wird oben am Blendrahmen befestigt und in den Beschlag des Flügels eingehängt. Gemeinsam mit dem Ecklager bildet die Schere die Drehachse des Fensters und steuert die Umschaltung von Dreh- auf Kippstellung.

_ Schließbleche: sind Beschlagteile am Blendrahmen, in die die Getriebeverriegelung eingreift. Die Verriegelung erfolgt über alle Schließbleche des Fensters und sichert die Fugendichtigkeit auch unter hohen witterungsbedingten Belastungen.

Jede Öffnungsart bedarf einer eigenen Beschlagsvorrichtung.

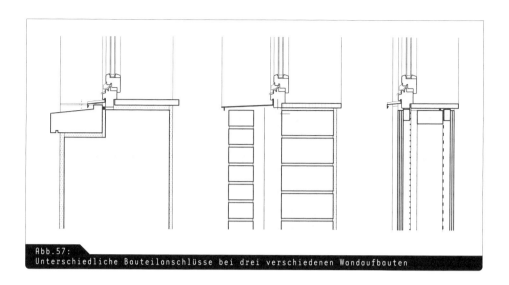

BAUTEILFÜGUNG

UNTERER ABSCHLUSS DES FENSTERS

Der horizontale Abschluss einer Brüstung nach außen wird in der Regel durch die Fenster- bzw. Sohlbank hergestellt. Für die dauerhafte Gebrauchstauglichkeit und Schadensfreiheit sind folgende Punkte zu beachten:

_ Das Fensterprofil muss über die Fensterbank greifen und eine Tropfnase (Überlappung) besitzen, um auch bei Schlagregen die Dichtigkeit zu gewährleisten.

_ Die Fensterbank muss mindestens 20 mm über die Vorderkante der Außenwand auskragen und ebenfalls eine Tropfkante (Überlappung) besitzen, um die Verschmutzung der darunter liegenden Fassade zu verhindern.

_ Die Fensterbank muss nach außen leicht geneigt sein (mindestens 5° bzw. 8%), damit anfallendes Wasser gut ablaufen kann.

_ Seitlich muss die Fensterbank aufgekantet sein (z.B. Blechaufkantung oder Aufsteckprofil), um eine Durchfeuchtung der Konstruktion zu vermeiden. Sinnvoll ist eine seitliche Überlappung der Wandbekleidung zum Schutz der Fuge zwischen Leibung und Fensterbank.

_ Die temperaturbedingte Längenänderung der Fensterbank (Längentoleranz) ist zu beachten.

Abb.58:
Ebenengleicher unterer Anschluss der
Fenstertür

Außenliegende
Fensterbänke

Außenliegende Fensterbänke können aus Zink-, Kupferblech, Glas, Natur- bzw. Betonwerksteinen, aus Rollschichten mit frostbeständigen Mauersteinen bzw. Formsteinen, Klinkerplatten, Spaltplatten oder aus vorgefertigten Aluminiumprofilen hergestellt werden.

Innenliegende
Fensterbänke

Die innere Brüstungsabdeckung oder die Abdeckung von Heizkörpernischen wird in der Regel mit Naturwerk- oder Kunststeinplatten im Mörtelbett oder aus Holz- bzw. Holzwerkstoffen (gegebenenfalls auf Konsolen) ausgeführt. › Abb. 57

Fenstertür

Die Fenstertür unterscheidet sich vom Fenster mit Brüstung durch die Ausführung des unteren Blendrahmenriegels. Hier müssen gegebenenfalls die Bauwerksabdichtung, ein Balkon- oder Terrassenbelag und von innen die Fußbodenaufbauten angeschlossen werden. Beim Öffnungsflügel der Fenstertür wird das untere horizontale Profil meist höher ausgebildet als beim Fenster, um die Verglasung vor Spritzwasser zu schützen. Analog zur Haustür kann der untere Anschluss der Fenstertür auch ebenengleich, z.B. durch die Anordnung einer Rinne, ausgeführt werden. › Abb. 58

DICHTUNGEN

Die Dichtung verhindert, dass Wasser durch die Fensterkonstruktion in das Gebäudeinnere eindringt, und verringert den Wärmeverlust, der durch unkontrollierten Luftwechsel auftreten kann. Unterschieden werden Dichtungen im Bereich der Fugen zwischen Blendrahmen und Rohbau (Anschlagdichtungen), Dichtungen zwischen Blendrahmen und Öffnungs-

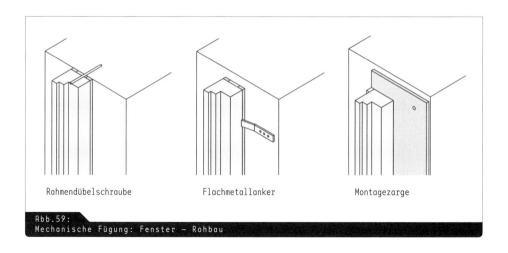

Rahmendübelschraube   Flachmetallanker   Montagezarge

Abb.59:
Mechanische Fügung: Fenster – Rohbau

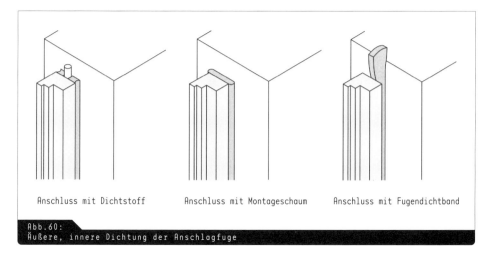

Anschluss mit Dichtstoff   Anschluss mit Montageschaum   Anschluss mit Fugendichtband

Abb.60:
Äußere, innere Dichtung der Anschlagfuge

flügeln (Falzdichtungen) und Dichtungen zwischen Rahmenprofil und Verglasungseinheit (Fugendichtungen).

Anschlag-
dichtungen

Die Dichtungen im Anschlagsbereich zwischen Bauwerk und Blendrahmen gleichen Toleranzen aus und dichten die Fugen nach außen gegen Wind, Schlagregen und Schall, nach innen gegen Wasserdampfdiffusion ab. Im Bereich der Anschlagdichtung erfolgt die mechanische Befestigung des Fensters mit dem Bauwerk. Die Befestigungselemente übertragen die auftretenden vertikalen und horizontalen Kräfte. Sie müssen Formänderungen des Baukörpers und des Blendrahmens schadenfrei zulassen.

> Abb. 59 und 60

73

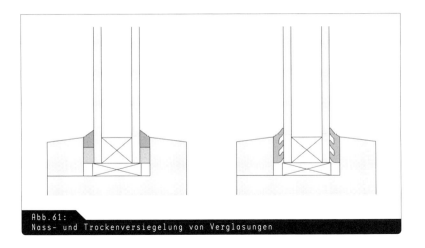

Falzdichtungen   Dichtungen im Flügelfalz zwischen Blendrahmen und Flügelrahmen sind umlaufend und gewährleisten eine ausreichende Schall- und Wärmedämmung, den Feuchteschutz und den Schutz vor Zugluft. Falzdichtungen bestehen aus Dichtungsprofilen (z. B. Synthesekautschuk oder Neopren), die in den Falz des Fensterflügels und gegebenenfalls des Blendrahmens eingeklebt oder in dafür ausgesparte Nuten gedrückt werden. Sie werden als Einfach-, aber auch als Doppel- und Dreifachdichtung eingesetzt und sollten möglichst auswechselbar sein.

Fugendichtungen   Fugendichtungen zwischen Rahmen und Verglasungseinheit werden beidseitig und linear umlaufend ausgeführt. Sie lassen sich als Nassversiegelung auf Vorlegebändern (aus Dichtungsmassen wie Silikon, Acrylat, Polysulfid und Polyurethan) oder mit vorgefertigten Dichtungsprofilen (z. B. Synthesekautschuk) herstellen. > Abb. 61

\\ Hinweis:
Rohbauanschluss des Fensterrahmens
Verbindungstoleranzen zwischen Fensterrahmen
und Leibung werden z. B. durch Bandeisen als
federndes Element, Steckdübel als gleitende
Verbindung oder U-förmige Zargen als ver-
schiebbarer Anschluss aufgenommen. In der
Regel wird vom Fassaden- oder Fensterherstel-
ler ein genaues Aufmaß der Rohbauöffnungen
erstellt, so dass ausreichend Toleranz bereits
bei der Planung und Fertigung der Fenster vorgesehen werden kann.

\\ Beispiel:
Vorkomprimiertes Fugenband („Kompriband"):
Vorkomprimiertes, imprägniertes Schaumstoff-
dichtungsband auf Polyurethanbasis wird auf
rund 15% des Querschnittes komprimiert ange-
liefert und dehnt sich nach dem Einbringen in
eine Fuge langsam aus. Es schmiegt sich dicht
an die Fugenränder, so dass normale Material-
bewegungen bei unterschiedlichen Temperaturen
gut ausgeglichen werden.

Vorgefertigte Dichtungsprofile werden im Strangpressverfahren hergestellt, so dass komplexe Profilierungen möglich sind. Trockene Dichtungen können im Gegensatz zur Nassversiegelung zusammen mit der Glaseinheit und den Glashalteleisten in einem Arbeitsgang eingebaut werden.

FÜGUNG

Zur Ableitung der vertikalen Kräfte werden die Fenster in der Regel auf Klötze oder Keile gestellt, die auch die horizontale Ausrichtung ermöglichen. Horizontalkräfte werden über Rahmendübel, Abstandsschrauben oder Flachmetallanker, so genannte Schlaudern, im Bereich der Leibungen abgeleitet. Die Befestigungsmittel müssen eine unterbrechungsfreie Abdichtung der Anschlagsfuge zulassen.

Fugen zwischen Blendrahmen, Mauerwerksanschlag und Fensterbank sowie zwischen Fensterbank und Brüstung werden im Sinne einer geschlossenen Dämmebene mit Mineralwolle bzw. PU-Schaum verfüllt, sollten aber zusätzlich innen und außen mit Dichtungsprofilen geschlossen werden. Die gebräuchlichen Montageschäume leisten allein keine dauerhafte wind- und dampfdichte Fugenausbildung. Optimierte Dichtheit der Fugen kann – je nach Fassadenbekleidung – durch Andichten der Fensterrahmen mit außen umlaufend angeordneten Butylbändern erzielt werden.

Unebene und poröse Mauersteine sollten zur Vorbereitung der Anschlüsse verputzt werden.

\\Wichtig:
Lösungsprinzipien Fenster:

Schikane
Verhindert direktes Eindringen von Schlagregen und Feuchtigkeit. Ausbildung im Profil: durch Einfach- bzw. Zweifachfalzung von Rahmen und Blendrahmen; im Rohbau: durch den äußeren bzw. inneren Anschlag

Überlappung
Niederschlag wird durch das Prinzip der Überlappung mehrerer Bauteile abgeleitet: Leibung/Anschlag überlappen den Rahmen, der Rahmen überlappt den Flügelrahmen, der Wetterschenkel die Fensterbank, die Fensterbank den Wandquerschnitt.

Toleranz/Bauteilbewegung
Zwischen Rahmen und Rohbau: verschiebliche, federnde Befestigung und umlaufende Fuge mit dauerelastischem Fugenschluss; zwischen Rahmen und Blendrahmen: mittels Falzfugen

Dämmung
Positionierung in der Dämmebene der Wand, Verwendung von Isolierglas, Ausfüllen der Anschlagfugen mit Mineralwolle bzw. Montageschaum

Thermische Trennung
Erfolgt im Profil und im Glas. Bei Holz durch den Vollquerschnitt, bei Metall durch die mehrschalige Bauweise oder die Verbindung mittels Kunststoffstegen; bei Kunststoff durch Mehrkammerprofile; bei Isolierglaseinheiten durch Abstandhalter und Luft-/Gasfüllungen im Scheibenzwischenraum

Dichtung
Zwischen Rahmen und Glas: durch Vorlegeband und Versiegelung oder Dichtprofile;
zwischen Rahmen und Blendrahmen: durch Falz- und Anschlagdichtung; zwischen Rahmen und Rohbau: durch den Anschlag, eine umlaufende Foliendichtung und/oder Fugendichtbänder (siehe Abb. 62 und 63)

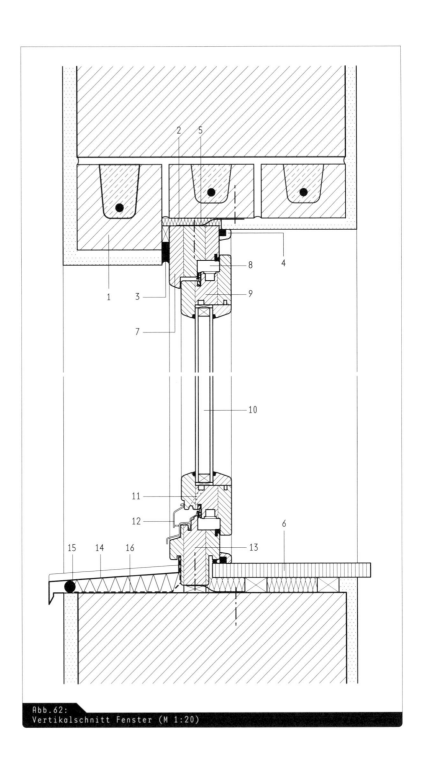

Abb.62:
Vertikalschnitt Fenster (M 1:20)

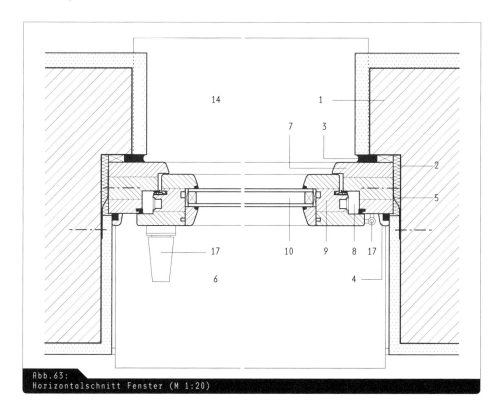

Abb.63:
Horizontalschnitt Fenster (M 1:20)

1 Rohbauanschluss - Innenanschlag
  Fenstersturz: hier Ziegelflachsturz
  Fensterleibung: die äußere Mauerschale bildet
  den seitlichen Anschlag
2 Anschlagsdämmung. Mineralwolle, gestopft, oder
  Schaumkunststoff (Montageschaum)
3 Anschlagsdichtung
  Innen: Dampfdichtung, dauerelastischer Dichtstoff
  (Silikon) auf Rundschnur (Schaumkunststoff);
  Außen: Winddichtung mit Fugendichtband (Kompriband), dauerelastischer Dichtstoff (Silikon)
4 Deckleiste. Schutz und Abschluss der Anschlagsfuge
5 Flachmetallanker (auch: Schlaudern)
6 Fensterbrett, aufgeschoben und verschraubt
7 Blendrahmen, Profil: IV 68/83
8 Falzraum
  zur Aufnahme der Beschlags- und Schließelemente
9 Flügelrahmen
  Profil: IV 68/83 mit integrierter Anschlag- und
  Rahmendichtung. Die Isolierglasscheibe wird von
  innen liegenden Glashalteleisten gehalten.
10 Isolierglaseinheit
   4 mm,16 mm SZR, 4 mm mit Randverbund

11 Dampfdruckausgleich
   Entlüftung und Entwässerung (Tauwasser) des
   Falzraumes über Bohrungen
12 Regenschutzschiene
   Über Öffnungen am Schienentiefpunkt kann an-
   fallende Feuchtigkeit abgeführt werden
13 unteres Blendrahmenprofil
   erhält in der Regel eine "Tropfnase". Diese
   überlappt den Anschluss der äußeren Fensterbank und schützt die Fuge gegen Niederschlag
14 äußere Fensterbank
   Hier: aus gekantetem Aluminium. Die Neigung
   beträgt mindestens 5°. Die Tropfnase der Fensterbank muss mindestens einen Abstand von 20
   mm zur Wand haben
15 untere Anschlagdichtung
   dauerelastischer Dichtstoff (Silikon) auf Vorlegeband sichert den winddichten Abschluss der
   Fuge zwischen äußerem Fensterblech und Mauer-
   werk
16 winddichter Anschluss
   durch winddichte Folie. Bei Fenstern ohne Anschlag umlaufende Folie
17 Beschlag

77

SCHLUSSBEMERKUNGEN

Die Öffnungen als architektonisches Thema haben eine besondere Aktualität. Im Zuge des energiesparenden Planens und ressourcenschonenden Bauens sind die Fenster die maßgebliche Schnittstelle für die solare Wärmeunterstützung und für die natürliche Belichtung und Belüftung der Räume.

Ein Arbeitsfeld von Architekten ist die Sanierung von Altbauten. Dabei spielen die Öffnungen auf der energetischen Seite eine wichtige Rolle, insbesondere deren Gestaltung. Die großen Bauvolumina der Nachkriegsjahrzehnte harren einer zweiten Chance, deren Ge- oder Misslingen sich häufig im Umgang mit den Fenstern zeigt. Von der Quantität deutlich geringer, von der qualitativen Herausforderung indes anspruchsvoller sind die Öffnungen in Baudenkmälern und Gebäuden in Ensembles.

Aber Gestaltung beschränkt sich nicht auf geglückte Abmessungen und stimmige Proportionen. Beim multifunktionalen Bauelement Fenster kann das bekannte Repertoire wieder aufgegriffen und auch funktional neu interpretiert werden. So hat Bruno Taut in Kenntnis der vielfältigen Vorbilder des regionalen Bauens bei den Bauten seiner Wohnsiedlung „Onkel Toms Hütte" in Berlin (1926–31) das (Küchen-)Fenster um eine sinnfällige Variante bereichert. Jeweils zwei Flügel, ein hochrechteckiges und ein etwas gedrungeneres, liegendes Format übereinander angeordnet, werden vertikal gespiegelt zu einem Fensterelement zusammengefasst. Das hat nicht nur gestalterischen Reiz, sondern ermöglicht durch die kleineren, deutlich versetzt angeordneten Flügel auch eine wirksame und kontinuierliche Be- und Entlüftung.

Die handwerklichen und stilistischen Weiterentwicklungen beim Fenster sind immer auch mit gestaltprägenden Veränderungen verknüpft. Es sind zeittypische Merkmale, die dem Fenster das charakteristische Erscheinungsbild verleihen. Die Kenntnis derartiger funktionaler, konstruktiver und gestalterischer Zusammenhänge stellt das architektonische Thema der Öffnungen als Entwurfs- und Konstruktionsaufgabe stets von neuem und ist gleichermaßen für den Neu- wie den Altbau von eminenter Bedeutung.

LITERATUR

Ursula Baus, Klaus Siegele: *Öffnungen*, Deutsche Verlags-Anstalt, Stuttgart 2006

Andrea Deplazes: *Architektur konstruieren*, Birkhäuser Verlag, Basel 2005

Klaus Dierks; Rüdiger Wormuth (Hrsg.): *Baukonstruktion*, Werner Verlag, Neuwied 2006

Martin Evans: *Housing, Climate and Comfort*, Architectural Press, London 1980

Manfred Gerner, Dieter Gärtner: *Historische Fenster*, Deutsche Verlags-Anstalt, Stuttgart 1996

Arno Grassnick et al. (Hrsg.): *Der schadenfreie Hochbau. Grundlagen zur Vermeidung von Bauschäden*, Band 2, Rudolf Müller Verlag, Köln 1994

Thomas Herzog, Roland Krippner, Werner Lang: *Fassaden Atlas*, Birkhäuser Verlag, Basel 2004

Erich W. Krüger: *Konstruktiver Wärmeschutz*, Rudolf Müller Verlag, Köln 2000

Helmut Künzel (Hrsg.): *Fensterlüftung und Raumklima*, Fraunhofer IRB Verlag, Stuttgart 2006

Dietrich Neumann et al.: *Frick/Knöll Baukonstruktionslehre*, Band 2, Teubner Verlag, Stuttgart 2003

Anton Pech, Georg Pommer, Johannes Zeininger: *Fenster*, Springer Verlag, Wien 2005

Klaus Pracht: *Fenster*, DVA, Stuttgart 1982

Ulrich Reitmayer: *Holzfenster*, Julius Hoffmann Verlag, Stuttgart 1980

Ulrich Reitmayer: *Holztüren und Holztore*, Julius Hoffmann Verlag, Stuttgart 1986

Christian Schittich et al.: *Glasbau Atlas*, Birkhäuser Verlag, Basel 2006

Günther Uhlig, Niklaus Kohler, Lothar Schneider (Hrsg.): *Fenster. Architektur und Technologie im Dialog*, Vieweg Verlag, Braunschweig 1994

Markus Zimmermann: „Fenster im Fenster". In: *Detail – Zeitschrift für Architektur + Baudetail*, 36. Jg., 4/1996, S. 484–489

DIE AUTOREN

Roland Krippner, Dr.-Ing. Architekt, wiss. Assistent am Lehrstuhl für Industrial Design, Technische Universität München

Florian Musso, Univ. Prof. Dipl.-Ing., Ordinarius Lehrstuhl für Baukonstruktion und Baustoffkunde, Technische Universität München

Wissenschaftliche und redaktionelle Mitarbeit: Dipl.-Ing. Sonja Weber und Dipl.-Ing. Thomas Lenzen, Lehrstuhl für Baukonstruktion und Baustoffkunde, Technische Universität München

Reihenherausgeber: Bert Bielefeld
Konzeption: Bert Bielefeld, Annette Gref
Layout und Covergestaltung: Muriel Comby

Bibliografische Information der Deutschen
Nationalbibliothek.
Die Deutsche Nationalbibliothek verzeichnet diese
Publikation in der Deutschen Nationalbibliografie;
detaillierte bibliografische Daten sind im Internet
über http://dnb.ddb.de abrufbar.

Dieses Buch ist auch in englischer Sprache
(ISBN 978-3-7643-8466-1) und französischer
Sprache (ISBN 978-3-7643-8467-8) erschienen.

© 2008 Birkhäuser Verlag AG
Basel · Boston · Berlin
Postfach 133, CH-4010 Basel, Schweiz
Ein Unternehmen der Fachverlagsgruppe
Springer Science+Business Media

Gedruckt auf säurefreiem Papier, hergestellt aus
chlorfrei gebleichtem Zellstoff. TCF ∞
Printed in Germany

ISBN 978-3-7643-8465-4
9 8 7 6 5 4 3 2 1   www.birkhauser.ch

SpringerArchitektur

Horst Sondermann

Photoshop® in der Architekturgrafik

2007. Etwa 240 Seiten. 1000 Abb. in Farbe.
Format: 16,5 x 24,2 cm
Gebunden etwa **EUR 49,95,** sFr 81,50*
ISBN 978-3-211-49004-4
Erscheint September 2007

Photoshop ist weltweit der Marktführer unter den Bildbearbeitungs-
programmen. Neben den „klassischen" Einsatzgebieten im Bereich
der Fotografie, des Grafik- und des Web-Designs spielt es auch beim
3D-Modelling eine wichtige Rolle, sowohl zur Generierung von Tex-
turen, als auch zur Postproduktion gerenderter Stills. Übertragen auf
die Architekturdarstellung kann Photoshop in allen Phasen des Work-
flows zum Einsatz kommen, sei es beim Generieren und Bearbeiten
von Bildmaterial für das Planlayout, beim Erstellen von Materialtex-
turen für den virtuellen Modellbau oder die Endmontage fotografier-
ter und gerenderter Bildkomponenten. Für die im Alltag wichtigsten
Aufgabenstellungen werden typische Lösungsschritte aufgezeigt.
Das Handbuch hilft Planern, Architekten und Studenten mit Hilfe der
Software Photoshop exzellente Bildresultate zu erzielen.

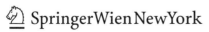 SpringerWienNewYork

P.O. Box 89, Sachsenplatz 4–6, 1201 Wien, Österreich, Fax +43.1.330 24 26, books@springer.at, **springer.at**
Haberstraße 7, 69126 Heidelberg, Deutschland, Fax: +49.6221.345-4229, SDC-bookorder@springer.com, springer.com
P.O. Box 2485, Secaucus, NJ 07096-2485, USA, Fax +1.201.348-4505, service@springer-ny.com, springer.com
Preisänderungen und Irrtümer vorbehalten. *Unverbindliche Preisempfehlung